僕らはいつも旅の途中

生社会の未来をひらく

5人の実践者たち

監修 曽根直樹

著 水流源彦・岡部浩之・丹羽彩文・
下里晴朗・片岡保憲

特定非営利活動法人全国地域生活支援ネットワーク

中央法規

はじめに

今回、一冊の本にまとめるにあたって、5人で何度も語り合う機会をもちました。私たちのこれまでを振り返り、これからを見つめながら。複数の先輩方にアドバイスを求めながら、時には、このことに意味があるのかを問いかけ合いながら。大好きな先輩方からいただいた恩を、返すのではなく次に送る「恩送り」。たくさんいただいた恩を、私たちから送るなんておこがましい、とは思いながら。そして、その夢を思い続け、言葉にし続け、実現するものだね、なんて粋がったりしながら。

私たち全国地域生活支援ネットワークのメンバーには夢があります。それぞれが思い描く夢を照らし合わせると、カタチは違うけれど、なんだか似ているのです。共生社会を標榜しつつ、目の前の障害のある人の幸せをみんなが願う。だから、私たちはいつも集うのです。想いをともにする仲間であり、ライバルであり、飲み友達でもあります。全国地域生活支援ネットワークの設立当初の理念を継承しつつ、さらなる仲間を増やしていくために、まずは、それぞれの想いを書き記しました。

ここでは、全国地域生活支援ネットワークの歩みをたどりたいと思います。

●全国地域生活支援ネットワークの誕生とアメニティーフォーラム

私が社会人になった年の1993（平成5）年5月15日、Jリーグ開幕戦、ヴェルディ

川崎 対 横浜マリノスで盛り上がっている国立競技場に隣接する日本青年館の一室で、「平成桃太郎の会」の発足式が行われました。なぜ桃太郎なのかは、平たく言うと、当時の入所施設を鬼ヶ島になぞらえて悪い鬼（社会の悪）を退治しようというキャッチフレーズからのネーミングでした。武器を手にすることなく、理論で武装して、血気盛んな先輩方が全国各地から集ったのがこの日です。当時、おそろいでつくった桃太郎Tシャツはタンスの中に大切に保管してあります。全国地域生活支援ネットワークが設立されたのは１９９９（平成11）年ですが、２００４（平成16）年にぶどう社から刊行された『僕らは語り合った 障害福祉の未来を』（２００４年・ぶどう社刊）の著者である４名の先輩方が、佐藤進（埼玉県立大学名誉教授・元学長）さんを桃太郎に仕立て上げて、それぞれ犬、猿、キジ、きび団子の役割を担い、全国地域生活支援ネットワーク（以下、「全国ネット」）の原型を形づくったのです。

平成桃太郎一行は、仲間を増やしつつ、地域福祉のアドバルーンとしてレスパイトサービスを国内に広める巡回フォーラムを開催しました。「巡回するのもいいけれど、年に１回は集まりましょう」となって選定されたのが、滋賀県大津市の琵琶湖のほとりです。

アメニティーフォーラムの初回の参加者は３００名でした。１９９８（平成10）年、長野で冬季オリンピックが開催されている最中、措置制度が終焉を迎えるかもしれない時期にスタートしました。社会福祉基礎構造改革についての議論が始まり、これからの日本の福祉が大きく変わるらしい、という期待と不安が入り交じるなか、当時は、知的障害のある方々の支援を中心に、入所施設だけに頼らない仕組みづくりはできないものか、とヒントを求めて全国各地から支援者が集ったのです。

特筆すべきなのは、障害のある方々の幸せを求めるためには支援者も快適でなくてはならない、いわゆるアメニティーの向上を目指そうということで、参加者＝お客様ととらえ、旅行業者などの代行業者を一切挟まず、講師、参加者問わず、お一人おひとりの申し込み受付から当日の運営、そしておもてなしまで実行委員会スタッフでこなした、ということです。当時の福祉の研修は、研修センターや公民館で開催されていました。それがホテルを貸し切る研修なんて、着ていく服にも迷ってしまうような雰囲気です。予算もすべて参加費頼みですので、高い参加費を払って集まる皆さんも、興味本位といぶかしげな表情の両方を浮かべていた気がしないでもありません。しかし、リピーターをはじめとして、参加者は年々増えていきました。増え方も尋常ではなく、年に２００や３００の規模で増え続け、コロナ禍前は１５００人を超えていました。参加証として名札を首から提げてもらうのですが、「所属を空欄にしてください」というリクエストもありました。「職場である入所施設に内緒で来たので」という理由からでした。

また、初回からずっと、当時の厚生省の官僚の方々にもご参加いただいています。２００１（平成13）年に中央省庁再編で厚生省と労働省が統合された理由も、アメニティーフォーラムに参加していたからこそ、よく理解できました。

政策提言、法改正への取り組み

支援費制度は２００３（平成15）年のスタートでしたが、そのことは全国各地にレスパイト事業所が数多く誕生したきっかけにもなりました。１９９９（平成11）年６月に設立総会を開催し、全国ネットが活動を開始するのですが、翌年７月に企画・編集を全国地域生活支援ネットワーク、発行を（財）糸賀一雄記念財団として発刊された「全国地域生活支援ガイドブック」では、１４７か所のレスパイト事業所が紹介されています。それから２年後の２００２（平成14）年３月に第２弾（企画・編集、発行同じ）が発刊された際には、紹介事業所数がさらに１００か所近く増えました。

毎年２月に開催されるアメニティーフォーラムでは、お正月に帰省して親戚に会うかのごとく、琵琶湖のほとりに集い、お年玉代わりに最新情報と熱い想いを持ち帰るということが繰り返されるわけです。結果的に、ある人は勤めていた入所施設を辞めて起業し、特定非営利活動法人を設立してレスパイト事業所を始め、またある人は株式会社を起業し就労支援事業所を立ち上げたり、最近では特定非営利活動法人をベースに事業を拡大し、社会福祉法人を設立するなど、全国各地にその輪は広がり続けています。

当時、隔月で発刊していた全国ネットの情報誌『ＰＩＥＣＥ』では、支援費制度の開始とともに注目を集めていた、ケアマネジメントについての文言が飛び交っています。介護保険におけるケアマネジメントをパッケージされたサービスに基づくものとしつつ、障害者分野におけるそれは高齢者分野と違い、ライフステージが多岐にわたり、携わる機関も多種多様であることから、個人に寄り添った相談支援の大切さと多職種連携の必要性を訴え続けました。これらがうねりとなって、地域自立支援協議会の設置、そして滋賀県の日割り特区に端を発して現在の利用者主体の制度設計につながっていきます。

また、当初レスパイトサービスと呼ばれていた、いわゆるホームヘルプ事業は、多くの当事者やご家族から大歓迎されました。施設入所を断られてしまった方も多く利用いただくことになります。しかし、入所施設が提供できるサービスの限界や矛盾も見え隠れします。そこで創出されたのが「行動援護」です。２００５（平成17）年からスタートした新しい類型として、行動援護のサービス提供における養成研修やテキストの編集にも携わってきました。障害者自立支援法（現・障害者総合支援法）の施行以降は、強度行動障害支援者養成研修にもかかわり続けています。

●つくる法律、見直す法律への動き

２００４（平成16）年2月20日の朝刊の一面に「施設解体宣言」が取り上げられたときは、アメニティーフォーラムの会場はヒートアップしました。当時の宮城県知事の浅野史郎さんが、知事によるビジョンセッションにおいて「入所施設を解体して、知的障害者が地域のなかで生活できる条件を整備する」と宣言されたのです。全国ネットの目指してきた社会のカタチが、おぼろげながら政治家の思惑と重なったように感じた初めての経験でした。

そもそも、知事をはじめ、国会議員の方々、いわゆる政治家の方々との意見交換をしたり、要望をしっかり出したほうがいい、とアドバイスしてくださったのは、初回から現役の官僚として登壇し続けてくださっている方です。いつしか、全国ネットはロビー活動まですする、と揶揄されるようになりましたが、決して利益誘導できるような資産をもち合わせない団体ですので、熱い想いに加えて、のちにエビデンスといわれる実践に基づく事業や制度の設計を提案し続けています。

一方で、落選した議員は、アメニティーフォーラムに登壇すると次の選挙で復活するというジンクスまで生み出されました。人を支える、もしくは幸せにするために何かを変えたい、生み出したいという純粋な想いは、私たち福祉を志す者と政治を志す方々との間で強烈に結びついている気がします。気がするだけで、すべての政治家がそうでないことは素直に認めつつ、「つくる法律」「見直す法律」についてアメニティーフォーラムの壇上で事実上合意を得た障害者差別解消法をはじめ、障害者自立支援法における報酬改定の議論にまで及んだことは事実です。

2021（令和3）年の障害者差別解消法改正における合理的配慮の一般事業者への義務化に関する議論、そして障害者総合支援法の見直しに向けての議論、新たに制定をのぞむ高次脳機能障害者支援法（仮称）についての議論がオンタイムでなされています。

これらは、全国ネットという組織として、厚生労働省の社会保障審議会（障害者部会）ならびに内閣府の障害者政策委員会へ参画させてもらっていることのキーファクターとなっています。まさに、アメニティーフォーラムで積み重ねてきた実績が、それらの部会、委員会への参画につながっています。加入団体、会員数はとても少ない弱小団体ではありますが、ゆるやかで強固なネットワーク、柔軟で固い信念、それらをもち合わせた団体であると自負しています。

●未来につながる取り組み

さらに単体としての動きに留まることなく、2021（令和3）年以降は、「DPI日本会議」「全国手をつなぐ育成会連合会」「全国地域で暮らそうネットワーク」と「全国地域生活支援ネットワーク」の4団体が共同で要望書を作成し、各所に提出するなど、活動に膨らみと深さが増しつつあります。要望書の主な内容は、①「地域移行・地域生活の推進」を障害者総合支援法の基本理念に追記、②地域生活支援拠点等の法定化と地域移行コーディネーター、地域生活体験室等の機能強化、③施設や病院にも地域移行担当スタッフの配置、④コロナ禍の影響を踏まえ「地域生活基盤整備基金」の創設、⑤インクルーシブ保育・教育の推進という5項目です。各団体の特色や構成員は違えども、今、一丸となって訴えるときなのです。この瞬間にも、賛同団体を募集しています。

膨らみと深さでいうと、「共生社会等に関する基本理念等普及啓発事業」、通称「共生社会フォーラム」へのかかわりがあります。2016（平成28）年に津久井やまゆり園で発生した事件を踏まえ、共生社会の理念等について、障害福祉従事者や事業経営者などがあらためて学び、それを実践につなげていくことを目的とした研修が、２０１８（平成30）年にスタートしました。（公財）糸賀一雄記念財団に委託されている事業ですが、私たちも主体的に参画させていただいています。社会課題と向き合う自分自身の心、感情の源泉にふれつつ、糸賀思想から学び合い活かし合う取り組みです。これからも全国各地での開催に協力したいと考えています。

●共生社会キャンペーン――ラッピングバスプロジェクト

全国ネットのメンバー同士は、酒席を共にします。あるときは東京、国内各地で、あるときはタイのカオディーン村への給食支援の道中で。そしてまたあるときは、北欧各地の視察でも。話題は、福祉現場のこと、制度のこと。時代が変わっても、話題の論点はあまり変わっていない気がします。その人が暮らしたいところで暮らしたい人と暮らせること。困ったときに、安心して頼ることができること。そして、よりよく生きること――論点は変わらず、膨らみ、深くなっているのです。

全国ネットが当初からかかわっているバリアフリー映画やバリアフリー演劇についても同じです。よりよく生きるために、文化、芸術は欠かせません。文化、芸術を真ん中におけば、障害があってもなくても、老若男女問わず、言語の壁を越えて世界まで、ずーっとつながっていけます。

現在の全国ネットのイチ押しの取り組みが「ラッピングバスプロジェクト」です。2021（令和3）年当初の企画書をご紹介します。

日本博が「関東・甲信越地域」で開催されることを契機として、芸術・文化に多くの人がアクセスできるようにさまざまな工夫が行われるようにできたらと願っています。障害者差別解消法も改正され、「合理的配慮」が民間事業所でも義務化されることになりました。今回、このような時代背景を受けて、私たちは「ラッピングバス」を走らせ、文化・芸術をみんなで楽しむことができる町づくりができたらと思います。

ラッピングバスは旅をします。旅には思いがけないハプニングをはじめ、想定外の事態が発生するものです。さまざまな出来事に対応しながら、バスに乗っている一人ひとりが知恵を絞り、力を合わせてその事態を脱することが、旅においての大きな経験になります。

この「ラッピングバス」では、障害のある人やない人がともに乗り込み、車内で夢を語り合いたいと思います。そして、バリアフリー演劇となった「東京演劇集団　風」の『ヘレンケラー〜ひびき合うものたち〜』とともに旅をします。見えない人、聞こえない人をはじめ、さまざまな人たちが芝居を通じて出会い、お互いの鑑賞の仕方を紹介します。そして、旅を通して語り合った夢や、一緒に経験した旅での不自由さも、楽しい出来事に変えて伝えることができたらと。

この「ラッピング」という言葉には、贈りものをできるだけ美しく優しく包むという意味が込められています。旅を通じて、出会ったすべての感情を優しく包み込みながら、次の旅に向かうこのバスを、私たちは「ラッピングバス」と呼びたいと思います。

「ラッピングバス」は、仲の良い友達との旅行でもあり、私たちが目指す社会へ向かう旅の途中なのです。乗りたい人は、みんな乗り込んできます。仲の良い友達は増え、それぞれの人生の事情を紹介し続けるのです。

ラッピングバスに巡回アメニティーフォーラム、これから、全国各地で皆さんにお会いできる機会が増えることになります。

2年ぶりの開催となった2022（令和4）年5月のアメニティーフォーラム25は、初日の「東京演劇集団　風」の演目『Touch～孤独から愛へ』の舞台セットをそのままお借りして、プログラムの各セッションを行いました。講師陣は、登場人物のフィリップが本を隠したソファや、ハロルドが縛りつけられたいすにそれぞれ腰かけ、トリートがもがき苦しみ叫んだように、それぞれの実践、心のうちを会場内の参加者たちに伝えました。このスタイルは、想定していたよりも会場で大変好評でした。これからもこのような楽しめるしかけを用意していきたいと考えています。

今回、執筆の機会をいただいた私たちとしては、全国ネットの会員の皆さん、また関係者のみなさまへ感謝しかありません。
そして、執筆メンバーの地元で現場を支えてくれているスタッフ、それぞれの現場法人の先代、これまで障害のある人の支援をつむいできてくれた先輩の皆さんへも重ねて感謝申し上げます。ご迷惑をおかけすることもあるかと思いますが、今後ともよろしくお願いします。

せっかくやるなら楽しみながらやろう。そして、まじめにやるけど、ずらして笑おう。
諸先輩方から学び続けているコンセプトの一つです。
そして、連綿と続く、これまでと、これから。

そう、僕らはいつも旅の途中。
皆さん、僕らと一緒に、旅をはじめませんか?

2022年7月

特定非営利活動法人全国地域生活支援ネットワーク
理事長　水流源彦

第1章

「世襲」にだって意地がある
——法人の分離独立から保育園、町で暮らすことへの挑戦

水流源彦

第2章 僕が地域福祉にこだわる理由《わけ》

丹羽彩文

第5章 壊れているのは脳か社会か

片岡保憲

第6章

座談会——入職4年目、その気になった僕が先輩たちに聞いてみたいこと

第1章

「世襲」にだって意地がある
——法人の分離独立から保育園、町で暮らすことへの挑戦

水流源彦（つる・もとひこ）

1970（昭和45）年生　鹿児島県在住
社会福祉法人ゆうかり　理事長
特定非営利活動法人全国地域生活支援ネットワーク　理事長
鹿児島県障害者自立支援協議会　会長

はじめに

社会福祉法人ゆうかりが運営する地域生活支援拠点ゆうかりの1階にある宿直室。仮眠用のベッドとテレビと冷蔵庫、そしてミニデスクが置いてある。深夜にもかかわらず、上階でトタパタと足音がする。グループホームの入居者がトイレにでも起きたのだろう。木造4階建てのぬくもりある自慢の建造物。暮らしてもらうなら自分自身やスタッフが住みたくなる環境に、というコンセプトで立地と快適さ、そして木造にこだわった。月に数回入る宿直業務も苦にならない。そんな夜に、ここまでの足跡をたどってみた。

ゆうかり学園と行啓記念碑

今、流行り（?）の地域生活支援拠点等、面で支える鹿児島市

地域生活支援拠点ゆうかり

ある日の20時を少しまわった頃、「今夜は、僕が宿直です！」体格のいい、社会福祉法人「吾子の里」の浅田くんの登場である。「何があっても対応してみせますよ。緊急の電話、かかってこないかなぁ?」頼もしい意気込みではあるが、しょっちゅう緊急コールがあっても困りものである。

地域生活支援拠点等では、24時間365日の受け入れ態勢で、鹿児島市内全域を対象とした緊急一時保護の受け入れを実施している。鹿児島市障害者基幹相談支援センターの受付時間以外は、虐待通報の対応も請け負う。宿直者は木造4階建ての1階にある宿直室で待機してもらうが、第一報は上階のグループホームの夜勤者が受電し、緊急度合いに応じて宿直者に内線で連絡し対応してもらうという仕組みにしてある。

基幹相談支援センター運営協議会を構成する市内の60法人のうちの16法人とわが法人が、連携協定を締結している。連携協定法人は、それぞれの事業所で緊急一時保護等の受け入れを担ってもらうほか、月に1、2回はわが法人の地域生活支援拠点等にて宿直業務に入ってもらうことになっている。開設前は「なんで、ほかの法人の事業を手伝わなきゃ

地域生活支援拠点等
地域生活支援拠点等とは、障害者の重度化・高齢化や「親亡き後」を見据えた、居住支援のための機能をもつ場所や体制のこと。居住支援のための主な機能は、①相談、②緊急時の受け入れ・対応、③体験の機会・場、④専門的人材の確保・養成、⑤地域の体制づくりの5つを柱とする。

いけないのか？」という意見もあったが、開設1年目のある夜のこと、緊急対応をした人を日常的に支援されている事業所の管理者が、「大変なときに助けてもらった。ぜひ、手伝わせてもらいたい」と腕まくりをしてやってきてくれた。うれしい限りであり、このように、じわりじわりと仲間が増えてきている。

宿直者は20時15分の引継ぎの時点で、お泊りセットを手渡される。手提げ袋の中身は、クリーニングされたシーツセット、公用車の鍵やら宿直室やエレベーターの鍵やらがじゃらじゃらついた宿直ファイル、そして電話の子機である。宿直室の電話は外線の呼び出し音が鳴らないように設定してあり、何もなければ仮眠できる。内線の呼び出し音が鳴れば、即対応してもらわねばならない。しかし、トイレなどで宿直室を離れる場合は、先ほどの電話の子機をオンにして持ち歩いてください、というルールにしてある。かくいう私も、月に2回ほど宿直に入ることにしている。「理事長も自ら頑張っている！　アピール」に違いないが、当初は自身も入らないとシフトが回らないという実情もあった。

地域生活支援拠点等のルーツは、私も立ち上げメンバーの1人である全国地域生活支援ネットワークの発案がもとになっており、当初は安心コールセンターと呼んでいた。本気で地域移行を実現しようという意気込みのもと、入所施設に抱く安心感を担保し、地域で暮らし続けるための仕組みを構築しようというものである。障害のある当事者はもちろん、親御さん、近隣にお住いの人、すべての人の安心を担保すれば地域移行は実現できると、わくわくしながら必要とされる機能について厚生労働省とも議論していたのが10年ほど前になる。

あらゆる人をお受けすることになっているが、夜間から深夜帯は精神障害のある当事者への対応が多い。当初は、受電した夜勤者はすぐに宿直者に引き継いでいたが、緊急性を伴わない内容の場合は、ディスプレイに表示される番号を確認してそのまま夜勤者が傾聴し、本人の不安を和らげることで終結するというパターンも、回を重ねることで成立するようになってきた。

また、近隣の警察署の皆さんとも仲良くなれた。ある連休入りのこと、警察の生活安全課から「保護をお願いしたい」と連絡が入り、しばらくしてパトカーで初老の男性を連れてこられた。先日、別件の虐待案件で警察官と名刺交換をした際に「24時間365日対応可能なんですね！」という投げかけに対し、「もちろんです」と回答したやりとりが頭をよぎる。警察官によると「市役所も閉まっている時間ですが、生活保護課か障害福祉課、どちらかの担当者に連絡をしようかと悩みつつ、とりあえず」ということでお連れいただいたのだ。とりあえずビール、なみに警察署の皆さんにも認知されてきたという小さな喜びと、まあまあ大変かも、という不安が交互に浮かぶ。ひとまず、警察署の皆さんにとって安心と思ってもらえればいいか、と引き受けることになった。

●地域生活支援拠点ゆうかりの特徴

地域生活支援拠点等の整備は、障害児者の重度化・高齢化や「親亡き後」を見据え、居

地域生活支援拠点ゆうかり

住支援のための５つの機能（３頁の注を参照）を、地域の実情に応じた創意工夫により整備し、障害児者の生活を地域全体で支えるサービス提供体制を構築することである。大きくはグループホームや障害者支援等に付加した多機能拠点整備型と、地域における複数の機関が分担して機能を担う体制の面的整備型の２つに分かれるが、鹿児島市は両方どり、いわゆるハイブリッド型となっている。各法人からお越しいただくメンバーも含め、宿直者は相談支援専門員、サービス管理責任者、もしくは管理者以上としている。緊急時の受け入れ判断等、即応性を重視するためその場での判断が必須となるためである。これまでも緊急一時保護で対応した人の行き先がなく、うちを含めた連携法人内のグループホームや入所施設で引き受けたケースがある。管理者クラスが宿直に入っているおかげで、困難事例と称される人の対応や、その後の引き受け先についてもみんなで悩みながら、みんなで責任をもつ体制が整いつつある。

一方で、先ほどのお泊りセットのファイルには、鹿児島市役所の障害福祉課係長の携帯番号も掲示されている。判断に迷うときや、重大案件の際に相談するためである。係長の負担が気になるところではあるが、それを必要だと認めてくれる課長がいてくれたことで、この取り組みがうまくいくことを確信した。10年前の当時のこの課長には、異動された後も、事あるごとに相談に乗ってもらっている。

「入所王国」鹿児島で施設を世襲する

●私のこと・父のこと・祖父のこと

私は1970（昭和45）年生まれであるが、その3年前の1967（昭和42）年にゆうかり学園は開設された。祖父が私財をなげうって1958（昭和33）年に精神薄弱児施設あさひが丘学園を設立したのだが、そこの卒園者の受け入れ先としての役割も担う、鹿児島県初の成人施設であった。

1972（昭和47）年に鹿児島県で開催された太陽国体に際して、皇太子・美智子妃両殿下（現上皇・上皇后両陛下）に行啓いただいた。利用者の皆さんに優しくお声がけいただき、また、鹿児島弁で話しかける彼らの声に耳を傾けていただき、スケジュールを超過してしまわれお付きの方々が慌てておられたとか、当時は砂利道だった施設周辺が急遽舗装された、というエピソードが行啓記念碑とともに残っている。

当時の世襲継承者の多くがそうであるように、私の場合も施設の中に自宅があった。必然的に周囲を障害のある人々（私の場合は当時の精神薄弱者）に囲まれて育つ環境が用意されていた。地元の高校に進学するまでは、福祉とは別の道、叶わなかったから白状するが、精神科の医師か弁護士になることが夢であった。それらはいずれ、何らかの形で施設の役に立つだろう、という安易な思いからであった。姉2人の末っ子としての待望の長男は、しっかり甘やかされて育った。小さい頃からすぐ泣くので、祖父母や父からは「女々しかもんじゃ！」と言われていた。両親をはじめ、周囲の期待は大きかったであろうが、安易に夢を描けたのは自分の頭の中だけで、現実は当たり前に厳しかった。自身の成績で行ける福祉系の大学をそそくさと見当をつけ、社会福祉士という資格が取れるらしいと、もっともらしい言い訳を携えて、とりあえず鹿児島から出ることにしたのだ。ただ漠然と、何か新しい取り組みをやって、目立ちたいと思っていたのは事実である。

●信楽青年寮に入職

大学卒業と同時に、滋賀県にある信楽青年寮への就職を決めた。そこでの勤務は1993（平成5）年からの4年間であったが、まさに福祉制度の激動変革の草創期であった。こののち数年を経て2000（平成12）年の社会福祉基礎構造改革によって、その名のとおり措置制度の時代が終焉を迎え、介護保険をはじめとした新たな仕組みが始まる。そんな時期だったから、障害のある人たちも地域で暮らせるようになる、いや、地域で暮らすべきだと強く感じるほど、いろいろな先輩方の熱い想いが渦巻いているようにも思えた。1990（平成2）年に制作された『しがらきから吹いてくる風』（監督・西山正啓、製作・株式会社シグロ）の上映会も盛んに行われている時期であり、自分はすごいところに就職した、これから福祉を変えていく流れをつくるのだと張り切って日々を過ごしていたし、その日々が楽しくて仕方がなかった。そんな信楽青年寮の熱気を引っ張っていたのが、その後も私にとって公私にわたる生涯の師となる北岡賢剛さんであった。そして間もなく、北岡さんの呼びかけで職員有志によるボランタリーな地域活動としてレスパイトサービスがスタートし、「あると思うな！　非番　公休　夏休み」のフレーズとともに先輩、同僚と活動をしながら内外へと発信を続けた。

就職した最初の年の9月、祖父の13回忌で京都の東本願寺に祖母と叔母が来るということで一緒にお参りをした。京都の料理屋で美味しい食事を食べながら、教わったばかりの基礎構造改革の話や、信楽青年寮での取り組みについて、饒舌《じょうぜつ》に、いかにも自分の手柄のように語り尽くした。祖母は、「信楽青年寮には、あんたのおじいちゃんとも行ったことがあるのよ」と鹿児島で施設を開設する前に視察したときのことを懐かしそうに思い出している。ところが私は、障害のある人たちが地域で暮らすことに対して、いかに資源がないか、行政も含めて理解がないかという御託を並べることに終始した。

後日、鹿児島に帰った祖母が、私の両親に「源彦が、これから入所施設は要らないと言っていた」と物寂し気に語ったという。祖父母や両親がやってきたことを否定するつもりは全くなかったし、むしろ喜んでもらえると思っていた。今でもそう感じるが、障害のある人の暮らしを支えるときに、私自身が暮らしたいと思えないところに、障害のある人が自

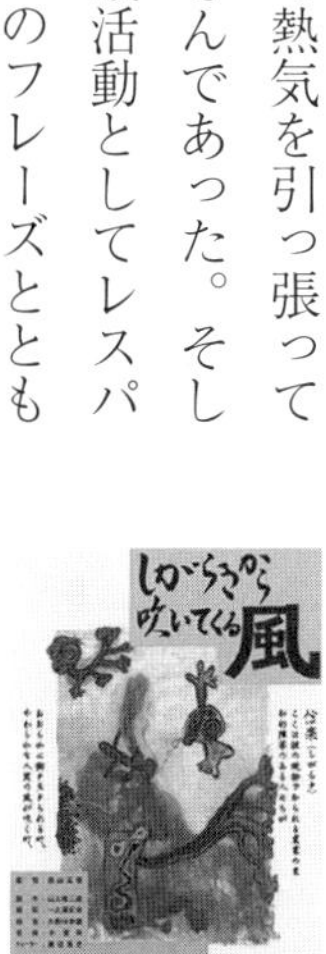

『しがらきから吹いてくる風』（1990年／シグロ作品）

タヌキの焼き物で知られる窯業の里、滋賀県信楽町。この町を支えるのは、知的障害のある人々。彼らは106人、多くは小さな家内製陶所で働く。そんな彼らが住む「信楽青年寮」にスタッフが7か月住み込んでつくられた映画。

分で選んだわけでもないのに暮らしてもらうことに違和感があり、むしろ罪悪感に苛《さいな》まれる。そのようにいろいろな先輩方から教わったし、もちろん自分でも強くそう思っていた。ただ、そのことを伝えたかっただけなのに。

当初は3年経過したら、鹿児島に帰るつもりでいた。前述のとおり、信楽での日々は夢と希望にあふれた楽しい日々であった。しかし、世襲制については何度か苦い経験をした。出会って間もない人から、実家が世襲制である、というだけで責められたことがある。自分自身のこと、祖父母のこと、両親のこと、すべてを否定された気がした。私にとっては西郷隆盛より尊敬している祖父である。小学生のとき、尊敬する人を発表する場で、クラスの大半は西郷隆盛であったが、誇らし気に祖父を挙げた。このことは今でも変わらない。世襲制を批判する人たちも、創設者のことを責めることはなかった。ということは、ターゲットは両親、叔父、叔母ということか。いや、両親、叔父、叔母に継がせた祖父か。もしくは水流家そのものか。確かに、当時、ニュースなどで世襲制のいくつかの施設が事件を起こしている事実も見聞きしていた。うちも、悪いことをしているのか?という疑念までもってしまった。

そしてたどり着いた結論が、同僚との結婚を決めた4年目、彼女とレスパイト事業所を立ち上げよう、というものであった。年齢は2つ下であるが、3年目から主任を務めていた彼女は信楽青年寮の若きホープでもあった。悔しいが私よりも仕事ができる。全国各地でレスパイト事業所を立ち上げている仲間たちの後を追って自分たちで立ち上げれば誰にも「世襲」とは言わせない、と、今思えば意地になっていた。

鹿児島に帰る！
――ここにきて反抗期「レスパイトを始めなきゃ帰らない！」

●レスパイト事業所への思い

１９９６（平成８）年春先のある夜、確か結婚の報告をした一か月くらい後だったと思う。信楽青年寮の職員会議は利用者支援に支障をきたさぬよう、毎月１回21時から施設の食堂で開かれていた。その会議が終わった後に、当時の副寮長である北岡さんに相談をもちかけた。「退職した後、彼女と２人でレスパイト事業を岐阜で立ち上げます」と。

なぜ岐阜かというと、鹿児島では世襲の件も含めて難しいだろうし、滋賀ではすでにスタートしているし、まだ、動きがなさそうなところ、ということで岐阜だったと思う。安易な考えで候補選びをしてしまっていたかもしれない。岐阜県の皆さん、ごめんなさい。

北岡さんは話を最後まで聞いてくれた後に、「２人ならやれると思う。応援もする。世襲制への批判があることも十分理解する。だけどね、例えば滋賀で俺がやってきたことを、きみが鹿児島でやろうと思えば、半分の時間と労力で、もしくはもっとスケールの大きいことができるかもしれないよ」と優しく諭《さと》してくれた。

「人生、つらいこともあれば、楽しいこともある。楽しいだけの人生はない。51：49で楽しいほうが勝っている人生ってよくないか？」

世襲制のことで悩んでいた私にとっては、正しく生きるためには世襲しないことだ、という答えしかもち得なかった。しかし、この夜の食堂で自分にとっての第二の職業人生の道が見えてきた気がした。

帰り支度、というか、滋賀にいるうちにしておくべきことを行動に移すことにした。自分自身のやりたいことを掲げ、ゆうかり学園のスタッフに理解を求めるため、彼らに信楽青年寮へ研修に来てもらう、というプランである。男性スタッフを2名1組、それぞれ1週間、総勢8名ほどに信楽青年寮に来てもらい、夜な夜な当時の先輩、同僚で取り囲んで飲み明かした。ゆうかり学園で長く働いている中堅クラスメンバーであったが、私が小さい頃に遊んでもらったスタッフを含め好印象で、追い風を感じる雰囲気であった。

「鹿児島ではどこもやってない、在宅支援サービスを始めたい。そのためには、皆さんのボランティアに頼ることが前提になる！」というようなことを話し続けた。

甘やかされて育ってきたので、親に対して反抗期らしいものはなかった。その自分が両親に対して「レスパイト事業を開始させてくれないと、鹿児島には帰らない」と言ったそうである。「言い出したらきかないからね。脅されたようなものよ」と母が今でも言う。脅したつもりも、前述のような話しぶりも明確には覚えていないが、そういうニュアンスに受け取られたのであろう。

そして、鹿児島に戻る

意気揚々とまではいかないが、希望と不安が入り交じる鹿児島での職業人生がスタートした。当時は、職員のことをお互いに〝先生〟と呼ぶ施設が大半であり、利用者をあだ名や敬称をつけずに名前で呼んでいた。利用者からすると、「てんてー（先生）」と声をあげればスタッフが誰かしら気づいてくれるので便利ではあったのかもしれない。数年後に、鹿児島県の知的障害者福祉協会の会長職に就いた父も、権利擁護の観点から呼称転換については同意してくれた。ゆうかり学園のスタッフからも反対の意見はなかった。が、なかなか染みついた癖のような、もしくは意識の問題なのか、浸透するまでは相当な時間を要した。

「当たり前の取り組み」、「福祉の常識は世間の非常識」などなど、キャッチフレーズとともに研修の時間を多く取りながら理解を求めていった。当時、私は「地域ケア推進室」という部署を勝手につくり、名刺にもその部署を掲げた。これらは、小さい頃から私を知っているスタッフには「何やっているんだか？」という印象だっただろうし、同世代のスタッフからは「ぼんぼんが帰ってきて、なんか喚《わめ》いているよ」とささやかれていた。

ゆうかり学園は、110名の入所更生施設であったが、畜産、果樹栽培、蔬菜《そさい》（野菜栽培）、屋久杉加工と活動種目が多岐にわたり、当時でいう授産施設なみの売上を上げていた。今思えば、スタッフの技術力がすごかった。農学部出身者や果樹の専門学校の出身者もいたし、それぞれが手に職をつけているといっても過言ではない。後でわかったことだ

愛情たっぷりで、自慢のゆうかり黒豚を育てています

が、実はそれらの技術者は数名で、他のメンバーは就職してからゼロベースで技術を学んだという。畜産担当者に至っては、彼の祖母が豚を飼っていた、ということで抜擢。そこから黒豚の導入、加工品の開発まで猛勉強して今に至るという。

　農業に関してはプロフェッショナルであったが、私からすると、利用者への支援、権利擁護の視点、それぞれに大変不満を覚えた。そうなると、父のやってきたことすべてを否定する勢いとなってしまう。例えば、施設の中の農作業で高い能力を発揮する利用者は、一般就労すべきだという議題を挙げると、現場からは、「彼が抜けてしまうと、戦力ダウンになる」という反発が起こる。また、全利用者、全職員で行く旅行や買い物は小グループで、と言えば、「効率が悪くなる」などなど、公開親子喧嘩が頻発した。

　父のほうを向いているスタッフは、父の顔色を気にしながらも、私にも気を遣ってくれた。父の名誉のために言うと、鹿児島県初のグループホームを開設し、一般就労へのチャレンジも複数名継続的になされていたし、利用者同士の結婚支援もそれまでに3組ほどなされていた。しかし、信楽青年寮に比べると、まだまだやれることがある気がしてならなかった。

遅れてきた反抗期とはいうものの、父の生き方、やり方をいつの頃からか許容していた。否、むしろ、許容されていたのは自分自身だったと気づいたときに、私のこの瞬間の実践、その実績は自分だけの力では成し得なかったと当たり前に思う。レスパイト事業の開始にしても、入所定員の縮減にしても、ここにいるスタッフの力と、父の威を借りて進めてきたにすぎない。今、しみじみと亡き父の遺影を前に感謝の念に堪えない。新しい取り組みに対して「よかことじゃが、やりなさい」の一言で背中を押し続けてもらっていたのだ。

入所施設の定員をゼロにできるでしょうか？

鹿児島に新しい風を吹かせたい

地域ケア推進室室長は、月に一度は滋賀に赴き、当時の甲賀郡サービス調整会議の成り立ちを学び続けた。信楽青年寮の最終年は、地域療育等支援事業のコーディネーターの補佐という名でカバン持ちをさせていただいた時期もあった。無い資源はつくる、動いていない資源は再資源化と称して使いやすいサービスに変えていく、ということが次々に成し遂げられていた。そこには、まさに当事者を含む官民一体の姿があった。集うみんなが、楽しそうに夢を語り合った。

これは、鹿児島市でもやるしかないと、鹿児島市役所の障害福祉課長にアポを取り、サービス調整会議の利点、そして、地域の資源開発について力説した。1回目は父が隣に座っていた気がする。2回目だったか、3回目だったか、記憶は特に曖昧であるが、そのときのその瞬間だけは鮮明に憶えている。このあいだは柔和な顔で話を聞いてくれていた課長が——柔和な顔だったのは初回だけだったのかもしれないが——鬼のような形相で「ここは、滋賀じゃない!」と一喝した。こちらとしては夢と理想を語りつつ、具体例を示しただけなのに。

しかし、地元の若い親御さんは求めてくれていた。「こんなふうに暮らしたい」、その色付けのお手伝いを、レスパイト事業「生活支援サービスくればす」として始動した。1時間800円の実費をいただき、利用者本人、もしくはご家族の想いをカタチにするというサービスは、少ない資源を分け合って使うという当初の利用会員20名によって大切に育てられていった。

世襲の話に戻るが、私には叔父の長男である従兄弟がいる。8つ年上で頼りになる兄貴分だ。彼も県外で「他人の飯を食う」経験を積み、私より4年前に実家の施設に戻ってきていた。鹿児島市内の施設長の集まりがあった後、懇親会でアルコールも入り、当時、同じ方向に家があったので同じタクシーで帰路についた。車内で、あのときの祖母へ話したように、もしくは、この前の障害福祉課長に話をしたように夢と理想を語り、これから一緒に、新しいサービスや仕組みをつくり、それぞれの施設を、そして鹿児島を変えていこうよ、という趣旨の話をした。結果、「もう、お前とは話はしない！」と反感を買ってしまい、しばらく口をきいてもらえなくなった。今思えば、山の登り方の違いなのだと理解できる。さらに、自分自身の思い込みを一方的に押しつけてしまった、とも反省する。しかし、当時からの想いは一つも変わっていない。想い続ければ願いは叶うと思う。

入所施設の定員についても同じである。レスパイト事業を開始した当初は、「すでに入所している人たちには申し訳ないけど、これからの若い世代には地域での暮らしを続けてもらうために頑張ります」と心のなかで手を合わせていた。しかし、グループホームの制度の変更等も相まって、すべての入所利用者にグループホームへの移行を含めた地域移行の可能性があることが見えてきた。グループホームを増やし続けることも考えたが、入所定員に空きが出る限り埋めなくてはならない。いっそのこと入所定員を減らしてしまおうと、さらに地域移行へのシフトチェンジのためのギアを入れ換えた。

社会福祉法人ゆうかりの誕生と入所定員の縮減

２００１（平成13）年の６月に、社会福祉法人ゆうかりが誕生するのであるが、もともとは社会福祉法人落穂会の事業所としての入所更生施設ゆうかり学園が、１事業所だけ分離し独立させた形で別法人を立ち上げた。地域生活支援、地域移行をより拡充していくことを理念に掲げ、それぞれ登り口を変えて同じ山を登っていこうという想いがあった。落穂会の理事長は叔父が務めていた。ゆうかりの理事長には父が就任した。現在は、それぞれ代替わりをしているが、近隣エリアにあるということで、今でも連携を続けている。

２００８（平成20）年に設置された鹿児島県障害者自立支援協議会では、当初から会長職を拝命している。他都道府県では医師や大学の先生が就くポストである。鹿児島に帰った年の２００７（平成17）年２月から滋賀の大津プリンスホテルを会場としてスタートしたアメニティーフォーラムに感化されて、鹿児島でも幾度となくフォーラムを開催した。そのたびに、厚生労働省からキャリア官僚に足を運んでもらったり、全国地域生活支援ネットワーク関係者に応援に駆けつけてもらったりしながら、地域生活支援の盛り上がりを鹿児島でもと続けてきたこともあり、当時の鹿児島県の保健福祉部長が若いメンバーでやってみたらいい、という提案をしてくれたらしい。が、さすがに荷が重い気がして、北岡さんに相談すると、「自分の器は自分で決めなくてもいい。役職がその人を育てることだってある」とアドバイスをしてもらった。それならやってみよう、ということで今に至る。

障害者自立支援法の成立、障害者総合支援法への改正も含めて、この時期がゆうかり学園としては地域移行ラッシュであった。グループホーム箇所数の増加にあわせて、入所定員の縮減に踏み切った。１１０名を90名、その後は10名単位で２０１９（令和元）年の40名まで。この流れを止めたくはない。ゼロにするためには、もうひと工夫が必要である。

インクルーシブ保育園こそあったらいいし、地域生活支援拠点等って滋賀でやっていましたよ！

自分の原風景からのインクルーシブ保育

グループホームへの移行は順調であった。しかし、それは入所施設としてのゆうかり学園のことを知ってくれているエリアに限定しての話であった。

立地のいいところに開設しようと、コンビニからもバス停からも徒歩5分の物件を借り上げてスタートしたグループホームでのことだった。「グループ公害、出ていけ」という立て看板を立てられてしまったのだ。苦情というか、今では確実に不当な権利侵害であろう。しかし当時は、こちらに何か不備があったのでは、もしくはご迷惑をおかけしたのでは、とすっかり謝罪モードである。収穫したてのみかんの段ボールを抱えて、勝手口に立て看板を立てたお宅をはじめ、向こう3軒両隣にあらためてあいさつして回った。結論としては、入居のあいさつのときと同じように皆さん優しい方々である。ただし、看板を立てた方は、ご近所でも有名な偏屈な人、ということであった。近くに住む大家さんに事情を話したら、「こっちから文句言ってやる」といきり立つのを諫《いさ》めるのがやっとだった。今現在もお隣さんであるが、定期的に差別的な反応が続いている。この件を受けて、まだまだ世の中には障害のある人のことを知らない人々がたくさんいる、と目の前にあるバリ

木のぬくもりと香りにつつまれる園舎

アをあらためて感じた。

壁をぶち壊したい、そのためには何が必要なのか。いくら入所施設から地域移行を目指すとしても、地域が受け入れてくれないことにはどうしようもない、と思案の日々が続いた。あるとき、自身の原風景、原体験について考えた。私自身、生まれたときから障害のある人たちに囲まれて育ったということもあり、障害のある人への偏見、差別意識を抱く機会は少ないほうだと自認している。だとしたら、そのような環境をつくってしまえばいいのではないか、と思いついた。折しも鹿児島市内で新規保育園を3か所開設する計画が示されたタイミングである。すかさず手を挙げ、ゆうかり学園の近くに保育園を建設したいと提案した。が、少子高齢化の進行度合いに比して、牛や豚を飼育できるエリア、いわゆる市街化調整区域に子どもは少ない。ニーズが高いエリアでの土地探しの結果、鹿児島市南部エリアへの設置が決まった。

法人の基本理念に謳う「あなたの笑顔はみんなをHAPPYにする！」の「あなた」を増やしたくて、個性豊かな子どもたちが普通に育つ、いわゆるインクルーシブ保育園を目指した。大好きなパパ、ママと一緒にいるおうちや家族から離れなくてはならない、だとしたら、彼らにとって安心できる大きなおうちにしてしまおう、という保育園らしくない保育園がコンセプトとなった。園舎は木造とし、木のぬくもりが子どもたちを優しく包み込む。保育士にとっての死角と段差が子どもたちの興味と探求心を育む。手前味噌ではあるが、保育士をはじめ、本当にいいスタッフに恵まれている。子どもたちの笑顔は私自身をＨＡＰＰＹにしてくれている。５年間ほど保育園の園長を務めたが、知らないことには配慮のしようがない。一方で、知ること、新たに出会うことに対しては誰の妨げも受けるべきではない。むしろ、新たな出会いを妨げているのが、今の教育環境であるということに気づきつつある。

ともに育つ子どもたちの笑顔

障害ということばを知る前から、友達であったり、存在を知っていたり、そんな子どもたちが増えたらいい。その子どもたちが大人になるとき、差別や偏見について、わざわざ問題にならない社会が存在するような気がする。

募集するわけでもなく制限することもないが、80名の子どもたちの中に、毎年ほぼ1割前後の数で何らかの障害のある子どもたちを一緒にお預かりしている。発達障害、重症心身障害、医療的ケアを要する状態にあるどの子も、ゆうかり保育園の子どもたちである。

ある医療的ケアを要する子どもは喀痰吸引《かくたんきゅういん》が必要であった。看護師の雇い入れをしつつ、３名の保育士に喀痰吸引等研修事業第３号研修を受講してもらった。対象児童にのみ喀痰吸引の行為ができるというものである。ある日、看護師が休みとのことで、担任の保育士が吸引をすることになった。器具の用意をしている保育士に、同じ年長クラスの子どもが、「これ、忘れてるよ」と器具の一部を差し出す。しょうがないなあ、という顔をして。そして、数名の子どもたちが車座になって、その子の好きな歌を歌い始めた。日頃、看護師の行為を何気なく見ていたのだろうが、その自然すぎる様子に私は大変驚いた。

また、ある子どもは両親ともに視覚障害で、本人も小児がんにより眼球を摘出し、片目が義眼であった。「目やにが出るので、たまに洗浄をお願いします」と面接の際に目の前で義眼を転がされたときには、思わず「ギョッ！」と漫画の吹き出しにあるような反応をしてしまった。しかし、その子と同じクラスの友達は、「ねえねえ、目、ずれてるよ」と平然と話しかける。本人も涼しい顔で「そう？」と、遊びの手を止めて鏡の前へ。くるりと義眼をいじって直すと、また、遊びの輪の中に消えていく。

２０１４（平成26）年に日本も批准した障害者権利条約について、もっとたくさんの人に認識してほしい。そのためにはインクルーシブ教育を具体的に進めていく必要があり、教育と福祉と医療の本気の連携を推し進めていくしかない。特別な

友だちと一緒に

支援が必要な子どもに対する教育こそ、一か所に集めることなく、その子の生まれ育った校区内で実施すべきではないだろうか。1979（昭和54）年の養護学校の義務化によってもたらされた功罪を再検証するべく、実践を続けつつ、仲間を増やしつつ、訴え続けていきたい。子どもたちが意識する前に、インクルーシブ保育というカタチでの取り組みは小さい抵抗かもしれないが、今後も継続されるだろう。

行政との意思疎通は不可欠

一方で、今現在地域で暮らしている障害のある当事者やそのご家族についての困りごとにはどのように対応すべきか。2012（平成24）年の10月に障害者虐待防止法が施行され、このタイミングで市町村は障害者虐待防止センターを設置した。これらの動きを視野に入れつつ、全国地域生活支援ネットワークとしての安心コールセンター構想と相まって、準備段階から鹿児島市に障害者基幹相談支援センターを設置することについての議論に加えさせていただく機会を得た。

機会を得たというより、こちらから当時の障害福祉課長を口説いた、と言うべきだろうか。このときの課長が、冒頭の地域生活支援拠点等の宿直ファイルに係長の携帯番号を掲示するシステムを応諾してくれた人である。とにかく、夢と理想を語り合った。「ここは滋賀じゃない」発言の課長との対話と大きく違うのは、両輪としての相談機能と支援サービスの大切さから、滋賀にある甲賀郡サービス調整会議を原点とする自立支援協議会の仕組みまで語り合うことができた点である。この間、5名の歴代課長に同じ話をし続けてきたが、初めて自分の想いが伝わったと実感できた出会いだった。

当時は保育園の園長だったので、うちの保育園に何度も足を運んでもらい、具体的な仕組みづくりを練り上げた。まずは、60万人の中核市である鹿児島市において、基幹相談支援センターは直営でないほうがいい、ということ。ここは即一致した。次に、1法人に委託して担わせるべきではない、ということ。ここに関しては今現在も賛否両論あるが、官民のパートナーシップの重視と開かれた機関である点において誇るべきシステムである。具体的には知的、精神、身体、子どもの各分野に対して各法人から出向してもらい、合同チームを結成することになった。今では60法人が参画する基幹相談支援センター運営協議会の形式である。そしてようやく、ここは滋賀ではないが、目指していたカタチに一歩近づけた。

結局、世襲制は温故知新

基幹相談支援センター運営協議会の当初の主たる構成法人には、課長が自ら公用車の軽自動車を運転し根回ししてくれた。全員一致でスタートしたが、課長のフットワークの軽さに加えて、やはり当時の理事長であった父の人徳のおかげも大きいと思う。ここにきて、世襲制のメリットが一気に花開いたといえよう。その父から世襲しきれていない稼業の一つに農業がある。

父は農学部の果樹専攻であり、生前は兼業農家としての届出をしていた。体育教師でありながら農業も営んでいた祖父に諭され、長男として戦前戦後の政策を見据え、農業を志した。小さい頃から動物好きで、進んで飼っている牛の世話をしていたという。小学生の頃、登校前に牛の餌のために草刈りをして、その刈った草を背負って学校と反対方向に歩いていると、同級生から「水流、お前は学校に行かないのか」とヤジを飛ばされていたという。刈ってきた草を短く切るための藁切りカッターに、牛の長い舌が伸びてきて、その舌をざっくりやってしまい、その日は一日中気になって、学校どころじゃなかったというエピソードを懐かしそうに話してくれたこともある。1932（昭和7）年生まれの父は、戦前、戦中、戦後の厳しい時代を農業と換金作物としての果樹の研究に費やしてきた。

その流れで、農福連携ともてはやされる50年以上も前から、農業を生業とし施設の基幹産業と位置づけてきた。果樹、蔬菜、そして畜産に至るまで。そのなかでも黒豚にまつわるエピソードは枚挙にいとまがない。それらをカタチに残そうと、幻冬舎エデュケーション（現・幻冬舎）から出版された写真絵本『ぶたにく』（2010年、幻冬舎刊）の存在は大きい。写真家の大西暢夫氏による愛情あふれる写真と文章は、日本の食について、循環農業のあり方について問うている。出版を記念して著名な料理研究家の服部幸應氏にプロデュースしていただいた黒豚料理も忘れがたい。

大西暢夫（写真・文）『ぶたにく』幻冬舎発行、2010年

鹿児島に帰ってきて25年余り。尊敬する祖父にも、農業を愛する父にも、やはり敵わないと思う。２人の偉大さを感じつつ、なによりも、ここでしっかりと勤め上げてくださった先輩方、今も支え続けてくれる愛おしいスタッフの面々には感謝の念しかない。２０１５（平成27）年に理事長に就任した際、法人の理念を刷新した。その2年後、定款《ていかん》の目的にもそれを反映させた。

この社会福祉法人は、だれもが、明るく朗らかな笑顔をたたえ、意欲と自信をもって、より豊かな人生を送ることができるよう総合的な福祉サービスを提供します。

〝あなたの笑顔はみんなをＨＡＰＰＹにする！〟

保育園の園長時代に、保育士スタッフとともにゆうかり保育園らしさについて話し合ったことがある。「いつもみんな笑っているよね」とか、「月曜や休み明けに仕事に行きたくて仕方ない」という声が次々に出てきた。日常的には保護者から理不尽なことを言われることや、すべての業務が楽しいというわけではないことも承知のうえで、やはり、51：49

で楽しいことが上回っている、そして保育園に通ってきてくれるすべての子どもたちが、愛おしくてたまらないというのだ。

日本全国、さまざまな産業での人材確保が厳しくなっている。当法人の各事業もなんら変わりない。人材派遣会社と契約したり、ベトナムからの人材受け入れもスタートしたりしているが、まだまだ人材不足による事業の伸び悩みや、収支バランスの不均衡による悩みは絶えない。「困ったときの神頼み」とはよくいうが、私の場合は墓前や仏壇にて、先祖頼みをしている。今の自分の選択は間違っていない。祖父母、そして父が見守ってくれている。

おわりにかえて
――「善行無轍迹」ということばを教えてくれた人

鹿児島に帰ってしばらく経った頃だと思う。壁にぶつかり思い通りにならないことが続いていた日々のなかで、「誰も理解してくれない」と自暴自棄になりかけて相談した私に、北岡さんが呟くように「リーダーは孤独なものだ、きみの傍には、俺がいつもいてやるからな」と、ぼそっと言ってくれたことがある。その言葉のおかげで気持ちを立て直すことができた。私と同じように、そんな風に教えられたり励まされたりしたのだろう、いつの間にか志を同じくする仲間が増え始め、今では語り合いつつも互いの仕事を刺激し合える、個性豊かでバラエティーに富んだ、そして頼りになる友人がたくさんいる。

２０２１（令和３）年から、それらのメンバーたちとともに全国地域生活支援ネットワークの執行部を預かることになった。「ＤＰＩ日本会議」、「全国手をつなぐ育成会連合会」、「全国地域で暮らそうネットワーク」と共同した4団体で勉強会を重ねながら、当面、障害者差別解消法における合理的配慮におけるワンストップ窓口の必要性や、障害者総合支援法が「地域移行」を促進する法律であることを明確に周知することを課題として、全国各地に仲間をさらに増やしていかねばならないと決意している。

北岡さんから教わった忘れられない言葉がある。「善く行くものは轍迹《てっせき》なし」。善行を為しても決してそれを誇ることなく、むしろその跡を残さぬほどに自然にふるまう生き方を説く老子の教えだそうだ。この言葉を胸に刻み、その先にあるだろう「共生社会」という未来を信じて力を尽くしたい。

ゆうかり学園の利用者、保育園の園児たちも大好きなくろたろうと

第2章

僕が地域福祉にこだわる理由《わけ》

丹羽彩文（にわ・さいぶん）

1975（昭和50）年生　埼玉県在住
社会福祉法人昴　理事長
特定非営利活動法人全国地域生活支援ネットワーク　事務局長
東松山市地域自立支援協議会　幹事長
東松山市障害者計画等策定委員会　委員
厚生労働省社会保障審議会障害者部会　委員
「2022年度障害者支援区分管理事業」
（みずほリサーチ＆テクノロジーズ）検討委員

自分の源泉

多文化が融合する浦安市

私は、幼稚園から中学校まで千葉県の浦安市で育った。当時の浦安市には東京湾を埋め立ててつくった集合住宅がたくさんできて、さまざまな地域から来た人が暮らしていた。ディズニーランドはオープンしたてで、私が通った中学校の裏にはディズニーランドの外国人キャストが多く住んでいて、道路でダンスの練習をしている様子を休み時間に眺めていられる、そんな町だった。

私が暮らしていた団地には家族同然のお付き合いがある家族がいた。そして、その家族のなかにデュシェンヌ型筋ジストロフィーの男の子が生まれた。妹2人の兄妹で弟がいなかった私は、その彼を弟同然に可愛がっていた。野球をしたり、お誕生日会をしたり、家族旅行にも一緒に行ったりした。彼と、できたばかりのディズニーランドに行くと、アトラクションに並ばずに乗れるということも経験した。

彼の母が、公的サービスのまだ充実しない時代に1人で行政に掛け合い、彼は地域の小中学校、高校、体調が悪化したため中退してしまったが、大学にも進むことができた。小学校では、私が6年生、彼と私の末妹が1年生のとき、きょうだい学級という仕組みで、まだ歩けていた彼の手を引き、遠足に行った記憶もある。献身的に介護をしていた彼の母は、男の子の好きなテレビゲームやコミックを用意して男の子たちの集まれる場をつくり、彼の自宅には毎日友人がたむろしていた。私は彼との出会いのなかで、このように障害のある人は世の中に彼一人だけではないことを知るようになり、そうした人たちに何らかのお手伝いができたらなぁ、と漠然と考え始めた。

そして、ヤンキーのいる町へ

しかし、中学3年生のときに、私の家族は「夢のマイホーム購入」のため、千葉県佐倉市に引っ越すこととなった。浦安での生活は、さまざまな地方から移り住んできた人が多く、多種多様なコミュニティが生まれていて、おおらかな雰囲気があった。しかし、引っ越した先の中学校は、先祖代々暮らしているという地元意識の強い場所で、浦安市では見なかったいわゆる〝ヤンキー〟もたくさんいて、転校初日から圧倒された。転校生がそうした環境になじむのはとても大変で、郷に入りては郷に従えで、私は不良の道を歩み始める。

そうした子ども社会の大変さは、親や教師たちには理解されなかった。不良仲間と一緒にいることに必死だったので居心地がいいわけでもなく、自分の居場所が見つからず、何度か家出をするような状況だった。また、家出先の長野県松本市で盗んだ自転車を乗り回

当時の近所の友達と

して、警察のお世話になったこともある。そのような中学生活だったから、高校受験でも志望校には受からず、滑り止めの私立高校に進学した。高校1年生のときには盗んだバイクで走り出し、再び警察に捕まり、家庭裁判所から親と一緒に呼び出されたこともある。

そんな私だったが、大学受験の際に、中学生のときから福祉の道に進みたいという気持ちは変わらずにいたのと、父親みたいに企業のコマのようなサラリーマンにはなりたくないとの思いから福祉の単科大学に進みたいと考えた。しかし、「金にならない」福祉より総合大学の法学部や経済学部に進むべきだという考えの父親と大衝突した。

結果的には、介護保険施行前夜の世の中で、新聞やテレビで、連日、これからは福祉が必要という報道を受け、父親が譲歩した。常日頃から「先を見て行動をしろ」と言っていた父親としては、私の希望をとりあえず受け入れざるを得なかったようである。

しかし、あれだけ啖呵《たんか》を切って入った大学であったのに、授業にはほとんど出ず、野球とアルバイトと遊びで大学生活を満喫していた。大学4年生の6月に、社会福祉士の実習で行った通所施設の利用者さんが、埼玉県手をつなぐ育成会主催の「北欧福祉事情視察の旅」への参加を希望し、その介助者として同行する機会に恵まれた。そのときに見たスウェーデンの地域福祉の様子に、日本の入所施設には就職したくないなと強く思うようになった。

北欧の福祉にふれる

その当時の日本では、まだまだグループホームは少ない時代だったが、スウェーデンでは、首都ストックホルムの高層集合住宅に障害者の一人暮らし世帯が点在し、各部屋はゆったりとした2LDKだった。私が見た部屋では、支援者の顔写真が小さなホワイトボードに貼り付けてあり、今日は誰が支援に来るかがわかるようになっていて、何人かのヘルパーが入れ替わりで支援に来ていた。もう1か所は郊外の平屋一戸建てのグループホームを見学した。ここでは知的障害の人も重複障害の人も暮らしていた。1人の初老の女性は、都市部で一人暮らしをしていたが、「鳥の声も聞こえないし、緑も少ないからこのホームに引っ越した」と言っていた。また、ある重複障害の男女は、最初は別々の部屋だったが、いつも頬を寄せ合ったり、見つめ合ったりしていたので、同じ部屋で暮らすことにしたと職員が説明をしてくれた。私がガイドヘルプについていた障害当事者に「日本は20年くらい遅れているね」と伝えると、トーキングエイドで「いや、100年だ」と言われた。

スウェーデンのグループホーム

あれから25年が経過し、日本の障害のある人たちへの取り組みは、ある部分ではスウェーデンをも凌《しの》ぐほど豊かになった。ただ、あの日見た北欧特有のゆとりのある雰囲気が、今も鮮明な記憶として残っている。障害のある人も、どこで誰とどのように暮らすかを決めることができることや、そのバリエーションの豊かさにただただ驚くばかりで、日本の障害のある人も一人ひとり違った個性のある部屋で快適に暮らせるような時代が来ればいいと感じた。

私は、その旅から帰った後、福祉サービスを使えば、もっと楽な生活ができるのに、と冒頭の彼と母親に福祉サービスの利用を提案した。しかし、母親は、他人が家に入ったり、預けたりするほうが気兼ねするし、派遣される介助者にいちいち介助方法やものの位置などを説明するより自分でやるほうが手っ取り早い、と言い、本人も、関節の拘縮やそれに伴う痛みなどもあり、他人の介助を我慢して受けるよりも、文句を言いやすい母親のほうがいい、と最後まで聞き入れてくれなかった。

その後、私は就職活動の時期となり、もともと子どもが好きで、保育士養成課程も履修していたので、障害児にかかわる仕事を探していた。しかし、当時は狭き門でなかなか希望の場所が見つからず、当時付き合っていた彼女が埼玉県に住んでいたという理由と入所施設をもたないということで社会福祉法人昴を受験し、首尾よく合格することができた。1999（平成11）年のことだった。

スウェーデン・サムハル社

地域福祉との出会い

レスパイトサービス事業所からのスタート

最初の配属は「ファミリーサポートセンター昴」というレスパイトサービス事業所だった。1992（平成4）年に昴が任意事業として全国に先駆けて開始し、まず埼玉県が、続いて国も追いついてきて、ようやく行政の支援が得られ始めた頃だった。当時、所長だった曽根直樹さんが、本格的に福祉施策の充実に取り組み始めた東松山市役所から招へいを受けて市の社会福祉協議会に転籍し、かつ主任職員が産休に入ることが決まっていた。異動してきたばかりの新主任と私が正職員として新年度がスタートしたものの、その5月には利用希望に人手が追いつかず、36時間連続勤務を2週続けるという過酷な状況であった。当時は、喀痰吸引《かくたんきゅういん》等研修もなかったので、先輩職員からの指導で痰の吸引や経管栄養への注入なども行っていた。当時の理事長であった佐藤進さんから、「お母さんたちがやっているケアを介護のプロであるきみたちができないはずはない。何かあったら、自分が責任を取る」という熱い言葉を受けて意欲に燃え、対応していた。しかし、先輩の指導によると経管栄養のカテーテルが胃まで届いているかは聴診器を耳に当て、シリンジで

レスパイトサービスでの送迎

空気を送り込んで音で確認するわけであるが、何度やってもその音が私には聞こえない。何度も繰り返すうちに先輩女性職員の顔も険しくなり、「ねっ、聞こえるでしょ!?」との強めの確認に、ついぞ聞こえないのに「はい……」と答えてしまったこともあった。

今になって思い返すと、ずいぶん危険なことをやっていたと思うのだが、それが今日の介護職員による喀痰吸引等研修の呼び水になったかもしれないと考えることがある。

●支援現場で感じた障害のある人たちの生活

そこで何年か勤務するなかで、ガイドヘルプとして車いすユーザーの人と都内まで出かけ、終電で帰ってくるということがあった。しかし、最寄り駅のエスカレーターの車いす対応は6時～23時とされており、駅員に怒られるという事件があった。私は憤慨し、その人と一緒に抗議をしたが、その後も対応時間は変わらなかった。

その人とコンビニに行くと、成人雑誌の立ち読みのページをめくるお手伝いをし、宿泊に来たときには、成人ビデオの早送り、巻き戻しを、その人の指示で一晩中私が行うこともあった。いわば、「親御さんには秘密の時間」を過ごすお手伝いをしていたのである。また、その人の母親が畑仕事に出ている間の自宅派遣があったときも、私の仕事はインターネットのアダルトサイトをサーフィンする手伝いだった。当時のインターネット回線は電話回線を使用していたため、長時間そのようなサイトをみていると通信料が高額になる。本人にもそのことを助言したが、あまりピンときておらず、そのまま2時間も3時間もアダルトサイトをサーフィンし続けた。その結果、月末に十数万円の通信料を請求され、母親にこっぴどく怒られたということがあった。しかしながら、アダルトな支援ばかりが続き、少しうんざりしていた私は、その話を聞き、内心「それみろ……」と意地悪くほくそ笑んでいた。

それはさておき、こうした駅員の対応からは「障害のある人たちは理不尽な立場に置かれている」と感じたし、家族に秘密の支援からは「障害のある人たちは家族にとても気兼ねしているんだな」ということに気づかされた。

通所施設での日帰り旅行

さまざまな出会いのなかで

その後、法人内の通所施設での勤務も経験し、相談支援事業所に異動となった。前事業所の居宅介護で自宅派遣の際に、ご家族から受けるちょっとした相談に答えたり、相談支援事業所につなぐということはしていたので、やれるかなぁという自信はついていた頃だった。これまでは重い障害のある人たちへの支援が多かったので、本人の思いや希望を推察しつつ、ご家族の希望を踏まえて対応していた。しかしながら、実際に相談支援の現場に出てみると、中軽度の知的障害や発達障害のある人で、自分の思いを伝えたいのだけれどうまく伝えられないという人たちへの支援が多くなった。その人たちは、福祉サービスだけでなく、親戚や近隣住民が夕飯のおかずを届けたり、遠巻きながらも安否を気にしているといった、地域の人々からの支えを受けて暮らしていた。その姿を見て、私は、住民同士で支え合うことによって生まれる地域のつながりや、さまざまな状況下でたくましく生きる人たちの強さを痛感した。

一方、自分が担当していたなかに、過去のいじめや突発的な行動により自尊心が著しく低下してしまい、自分の居場所がないと感じてしまっている人がいた。父親の管理とそれに対する反発を繰り返す生活をしていた。その父親が亡くなり、家族のなかでも居場所を失ったことで、気持ちが著しく落ち込み、自死してしまう。彼の死から、人間は無条件に安心でき、自分を肯定的に受け止めてくれる居場所を失うと、あっという間に死を選んでしまうのかもしれないと考えさせられた。

生前、彼に対して自分は何ができるだろうと考えながら、毎週片道1時間30分かけて、家庭訪問を3年ほど続けていた。このとき、当時、東松山市総合福祉エリア所長を務めていた曽根直樹さんに、「相談支援は、その人から問題や課題を取り出して、一緒に眺めることだと思うんだよね」とその姿勢を教えてもらったのだが、まだまだ駆け出しの相談支援専門員の自分にはわかるような、わからないような理解だった。しかし、今振り返ると、激しく表現する彼の行動や、悲観的であったり攻撃的であったりする言葉ばかりに注目していたように思う。彼が言葉にできなかった寂しさややるせなさ、父親以外に自分をありのままに受け止めてもらえない、そんな苛立ちをしっかり受け止められていたらと今は考える。

これまでの経験から、障害のある人たちの生活を支えてきたつもりになっていたけれど、障害のある人たちの多くは、サービスを使っていても使っていなくても、活き活きと暮らしているようには感じられなかった。いろいろな制限や制約、偏見のなかで深く傷ついたり、葛藤したりしながら、何とかギリギリで「生かされている」のでは？と感じるようになっていた。

障害のある人が主体的に生きるってどんなこと？

「当事者中心」「利用者主体」へのパラダイムシフト
――武蔵野プリティープリンセスの誕生

社会福祉基礎構造改革（2000年）を経て、障害のある人を取り巻く世の中は、措置制度から支援費制度、障害者自立支援法へと目まぐるしく移り変わり、「当事者中心」「利用者主体」が叫ばれていたが、自分は何だかそれを実感するというか、強く感じることができずにいた。

そんなときに、シドニーオリンピックで女子ソフトボールチームが金メダルを獲得したときの通訳を担当していた工藤陽介が当法人に入職し、知的障害者の、しかも女子のソフトボールチームをつくりたいと活動を始めた。私も長く野球をやっているので、その活動に賛同し、かかわり始めた。あるとき、現在キャプテンを務める当時高校2年生の大塚彩さんが「私、ソフトボールがやりたい！」と真っ直ぐな目で私たちに訴えかけてきた。彼女は、中学女子ソフトボールの強豪校でレギュラーとして活躍していたが、特別支援学校高等部への進学をきっかけにその機会を失っていた。特別支援学校では、一つの種目で部活動ができるほど生徒もおらず、運動部として、春は陸上、秋はバスケットボール、冬はサッカーと時期によって活動できる種目が決められていたため、自分のやりたい競技に参加することが難しい状況だった。

そして、活動を進めているうちに、ソフトボール経験者や運動が好き、体を動かしたいという中学2年生から社会人までの知的障害のある女性が、埼玉県内からあっという間に15人ほど集まった。また、サポーターとして、ソフトボールや野球の経験のある教員や福祉職員、工場に勤務している人、公務員、大学生なども選手と同じくらいの人数が集まり、日本初の知的障害者女子ソフトボールチーム「武蔵野プリティープリンセス」が2015（平成27）年に立ち上がった。障害のある人から「こうしたい！」と強い気持ちを真っ直ぐにぶつけられたのは初めての経験だった。

最初、ソフトボールのルールを知らない選手たちは、打ったら3塁側に走り出してしまったり、1塁側に走り出せるようになったかと思うと、ベースを踏む感覚が嫌なのか、1塁ベースをピョンと飛び越したりしていた。何とか練習を重ね、試合ができるようになると、デッドボールを受けてしまった選手は、次の打席からその恐怖で、ピッチャーが投げると「キャー」と叫んで打席から逃げてしまったり、内野フライが飛んだときに、ショートを守る選手が「（私が取るから）どいて！」とサードの選手に声をかけると、その選手は「どけっ！」と言われたと誤解して怒り出してしまい、試合中にもかかわらず、泣きながら掴み合いの喧嘩になったこともあった。そんな彼女たちも活動を続けて3年が経ったときに、埼玉県のふれあいピックで、ほかは男子チームが出場するなか唯一の女子チームとして乗り込み、見事に3位に輝いたのはとても印象に残る出来事となった。

全国地域生活支援ネットワークとの出会い

2017（平成29）年8月、全国地域生活支援ネットワークの顧問だった北岡賢剛さんから携帯に電話があり、「一緒にフランスに行こう」とお誘いいただいた。こうしてその年の10月にフランスのナント市で行われた「ジャパン×ナントプロジェクト」に参加することとなった。

この経験は夢のような時間で、芸術大国フランスで知的障害者の和太鼓プロ集団である「勤労障がい者長崎打楽団　瑞宝太鼓」の演奏にナント市民が客席を埋め尽くし、演奏が終わればスタンディングオベーションの拍手が鳴り止まず、それをステージ上で受けてい

ジャパン×ナントプロジェクト
2017年にフランスのナント市で開かれた障害者の文化芸術国際交流事業。日本の障害者のさまざまな芸術表現が、展示、実演され、さらには障害のある人が芸術表現を楽しむための最新技術が紹介された。

る瑞宝太鼓のメンバーの顔が誇らしげなことに感動した。また、展示会にも連日大勢の人々が訪れ、日本の障害のある人たちの作品をフランス人少年が覗き込むように鑑賞している姿を目の当たりにして、障害のある人たちが国を越えて賞賛される姿に驚いた。その後、北岡さんがリュー・ユニックでの打ち上げのときに話した「芸術文化を通じて、障害のある人たちの社会的な人としての価値を高めたい」という言葉にも感銘を受けた。

このフランスでの経験から、当法人でも障害のある人たちのアート活動の支援に対して、あらためてしっかり向き合うことを心に決めた。このプロジェクトや北岡さんのこれまでの取り組みの下地もあり、２０２１（令和３）年パリのギャラリーで開催された展示会で、私たちが支援する作家の作品が高額で売買され、その作品の一部がフランスにあるジョルジュ・ポンピドゥー国立芸術文化センターの国立近代美術館に寄贈された。このことは、私たちにとっても大きな誇りとなった。

アート活動の支援を始める

当法人では、アート支援の主担当は石平裕一という職員が、長年携わっている。彼は私より少し先輩で、通所施設やレスパイトサービスなど同じ事業所で働いたこともある。通所事業所で一緒に働いていたある夏、重症心身障害の男性に「石、アイス買ってきて！」と言われたときは、グループ活動の途中にもかかわらず、使いっ走りのように近くのコンビニまで1人でアイスを買いに行っていた。また、レスパイトサービスでレクリエーションサービスを彼が担当していた際には、彼オリジナルの漫画を挿絵にしたチラシの作成にこだわり、毎日深夜までやっても締め切りを守れず、所長に怒られる、そんな職員だった。その彼がアート支援担当者となり、フランス料理店だった貸店舗を法人で借り上げ改装し、ギャラリー併設のアトリエを確保した。そこでいつも彼は、障害のある人の傍に座り、「ペン取って」「紙をください」といった利用者のリクエストになんとなくこたえながら、自分はいつも締め切りに追われてパソコンとにらめっこをしている。しかし、そこに流れる空気は、彼のキャラクターとマッチするように、そこはかとなく温かくゆったりとしていた。そのような環境で生み出された作品が、フランスやイタリアで展示されているのである。その根底には、常に障害のある人に向けられる深く温かい彼の眼差しと洞察があることは間違いない。そして、彼は今日も私にそのアトリエで描かれた作品についてうれしそうに説明をしてくれる。

また、山口さんという、当法人、いや、この地域の名物利用者がいた。彼は、「俺を知らない職員は、昴ではモグリだいな」と言って憚《はばか》らない人だった。幼いときから、お金は大切にするようにと両親からしつけられたようで、お金にとてもとてもシビアな人だった。彼主催の食事会が1年に2回ほど開かれるのだが、一度も奢ってもらったことはない。それればかりか、その食事会のレストランまで必ず職員に送迎をさせた。法人内の事業所に頻繁に電話をしては、「俺のこと、みんななんて言ってる？　よくやってるって言ってる？」と何度も確認した。対応するのは少し面倒だけど、どこか憎めないおじさん、そんな人だった。元気なときは地域のあちこちに自転車で出かけ、さまざまな人と話をしたり、怒られたりと、地域の知り合いもたくさんいた。特に市町村役場の障害福祉課の人事には精通していて、どこの市町村でどんな人事異動があったかの情報はいち早くキャッチするなど情報通だった。

山口さんは、2020(令和2)年にこの世を去った。彼が亡くなった後、地域の手芸クラブのおばさんから、「クリスマスリースをつくる時期なのに来ないから、(山口さんは)どうしているかと思って……」と、暮らしていた当法人のグループホームに電話があったと職員から聞かされた。その話を聞いても、山口さんこそ地域を愛して、活き活きと生きた人だったなぁと思う。

糸賀思想との出会い

2017(平成29)年のフランスの旅以降、全国地域生活支援ネットワークの活動にも積極的に参加していくことになる。そのなかで、2016(平成28)年に起こった相模原障害者施設殺傷事件に対する国の取り組みとして、共生社会等に関する基本理念等普及啓発事業が実施され、2018(平成30)年よりスタートした「共生社会フォーラム」に企画段階から深くかかわるようになった。

この事業を糸賀一雄記念財団が受託したことにより、糸賀思想に基づく研修プログラムが考えられた。私が小学6年生のときの担任から、「この子らを世の光に」という糸賀一雄氏の言葉は聞いたことはあったが、大学ではろくに授業も受けていなかったため、それ以来の出会いだった。なかでも、これまで全国地域生活支援ネットワークのメンバーが何度か「自覚者が責任者」という糸賀一雄氏の言葉を口にしていることは知っていたが、あらためてこの言葉の意味を学び直すことで――とても重い言葉であるが――これ以降の自分の覚悟を決め、背中を押してくれる言葉となった。

このフォーラムのなかで、共生社会を考える際に、よく引用する私の娘にかかわるエピソードがある。当時5歳の私の娘が、当法人の診療所の待合室で、重症心身障害のある子を見て、「お父ちゃん、あの子、死んでるの?」と大きな声で聞いた。待合室が混雑してザワザワしていたため、その子に直接聞こえてしまったかは定かではないが、あまりにストレートな質問に恥ずかしさと動揺で、病気で歩けないために車いすに乗っているのであり、死んでいるわけではないことを娘に早口で説明した。しかし、なぜ娘がそう思ったのかを焦って聞きそびれ、後から聞こうとしても「もうわかった」と言って口を閉ざしてしまった。

私には、その子への謝罪の気持ちと、娘が共生社会を理解するチャンスを逃してしまった後悔があった。娘は、それまで知的障害のある人とは武蔵野プリティープリンセスを通じてかかわることはあったが、車いすユーザーや重症心身障害のある人とかかわったことはなかった。娘のエピソードは自分のふるまいを反省し、ともに育つことの重要性や、共生社会について考える際の私の基礎の一つとなっている。

これまでの共生のまちづくりへの取り組み

●地域での取り組み

当法人では、障害のある人たちがつくった製品の展示即売も行っていた喫茶店いんくる堂に始まり、地域サロンスペースを併設した重複障害の人が暮らすグループホームあすく、また、地元のNPO法人等への貸デスクと、例えばベビーマッサージやダンス教室に使えるレンタルスペースを併設した相談支援事業所を「地域共生プラザいんくる堂」としてオープンし、地域の住民との日常的な交流を目指した。グループホーム併設の地域交流サロンでは、子育てサロンや障害のある人のアート作品などの展示、ガレージセールも行った。

いんくる堂は、新興住宅地やショッピングモールの近くにあるので、フリーマーケット、子どもたちの夏休みの宿題応援、近隣の神社のお祭りに合わせたお化け屋敷などを企画・実施してきた。お化け屋敷の企画は、毎年地域の子どもたちが大勢集まり楽しんでくれたが、地域の子どもたちにとっては「お化け屋敷」という認識で、普段どんなことをしている場所かが正確には認識されず、また、常設のプログラムなどもなかった。そのため、相談支援事業所の職員が本業の片手間に行う単発のイベントや場所を準備するだけでは、地域住民が日常的に出入りし、障害のある人たちと交流するという理想図には至らなかった。

「レストランには気をつけろ」

障害者自立支援法が２００６（平成18）年に施行され、福祉サービスの利用対象者に精神障害者も加わり、身体・知的・精神の３つの障害者施策が一元化された。その際に、新たなサービスであった「就労継続支援Ｂ型事業所」を開設することとなり、法人執行部より、若手職員でその事業内容を考えよとの指示があった。そこで、若手であった私を含めた４〜５名の職員が集まり、その当時流行り始めていたカフェレストランをやろうと盛り上がった。それぞれの仕事が終わった後に集まって、鎌倉のカフェレストランを巡るなど熱心に（？）研究し、どんぶりカフェレストランを提案した。ややこじつけであるが、何をのせても受け止め、美味しく感じさせる「丼」を地域に見立てることをそのコンセプトにした。当時「デカ盛り」全盛期でもあったので、「RICE ON RICE」（大盛丼をイメージ）という店名もみんなで考えた。法人内の全事業所対抗で、メニュー開発のコンテストなども実施した。しかし、レストラン運営のノウハウなどはないため、とあるコンテストで優

レストラン「RICE ON RICE」

勝経験もあるプロのシェフを雇用した。すると、コンテストで出たメニューアイデアをあっさりと越える提案がされ、何だかな……という気持ちもしたが、このときが一番仕事がおもしろかった時期かもしれない。

当初は話題性もあり、さまざまな人が利用する町のカフェレストランとして位置づき始めていた。障害のある人がレジやホール係をするので、一般的なカフェレストランに比べれば、もろもろに時間がかかる。でも、お客さんもおおむねわかっているようで、ゆったりと待っていてくれた。しかし、それも束の間で、徐々にお客さんは職員や利用者の家族と市役所の職員くらいになり、「昴の社食」などと揶揄《やゆ》されることもあった。そして、季節は移り変わり、オープン当時のシェフも去り、法人執行部も知らないうちに気がつけば丼屋が洋食店に代わり、累積の赤字も膨らんだところで、新型コロナによるダメ押しがあった。こうして、2021（令和3）年6月に喫茶部門のみを残し、レストランとしては閉店した。これらの失敗から、こうした地域交流拠点をつくるためには、自然に人が行き交う何らかの常設のコンテンツが必要であるということがわかった。

また、当法人では、全国的にはまだ数少ない医療的ケアを必要とする人たちが利用できるグループホーム（2011（平成23）年～）を運営している。医療的ケア対応型グループホームを開設するときに職員たちで、地域においてグループホームがどのような機能を果たすかを検討した。その際に、私はグループホームが地域での暮らしだといわれる割には、そこに入居している人たちは地域での役割を見出せていないのではないかと考えていた。自分のことに置き換えてみると、住んでいる地域の隣組の組長が回ってきたときは、市の広報誌を各戸に配布したり、28年に1度の神社当番が回ってきたときは、有休を取って年4回のお祭りを開催したりと、何かと煩わしいこともあるが、地域社会の一員として自分の役割を意識できていた。そこで、グループホームで暮らしている人たちも地域で何か役割が担えないかと考えた。グループホームの近隣には小学校があり、小学生の登下校を「見守る」ための「見守り隊」というボランティア活動がある。このボランティアなら、医療的ケアを必要とする重度の障害のある人たちも、地域の人々と一緒に活動できるのではないかと思い至った。そこから、東松山市の地域自立支援協議会で検討をし、障害者福祉課が市役所内部や地域の自治会とつなぐ協力をしてくれた。地域のおじさんたちも、「それはいいことだ」と気持ちよく賛同してくれたそうである。そうして、小学校の見守り隊への参加が決まった。

医療的ケアを必要としており、重い障害のある人たちなので、体調の管理にはとても慎重で、雨が降っても強風が吹いていても、暑すぎても寒すぎても参加することができない。それでも、地域のおじさん、おばさんは快く受け入れてくれた。

付き添いをした職員から報告を受けた話だが、ある日、女の子が小学校からうつむいて出てきて、見守り隊の前を通り過ぎるときに、パッと顔を上げて、ニコッと笑って、その後は顔を上げて帰っていったことがあったそうだ。その女の子に直接確かめたわけではないので、本当のところはわからないが、きっと見守り隊をみて気持ちが前向きに切り替わったのだろうと私は思う。本人たちは言葉で表現をすることが難しいので、このボランティア活動に対してどう思っているかはわからない。でも、嫌がる素振りはなく、小学生たちの登下校の様子をじっと見つめている。

そして、この活動が10年を経過したときに、見守りをしていた小学校の校長先生から感謝状が届いた。これにより、わずかながら地域の人たちから認めてもらえたなと実感した。

そして、理事長になる

比較的早い段階から、いつかはこの法人のトップになろうと考えていた。やる前から及び腰になってしまうことが嫌で、周りがあまりやりたくなさそうであればあるほど、じゃあ自分がやろうという性格なので、上が悪いなどとあれこれ文句を言うよりも、自分が思ったようにできるポジションを目指そうと考えた。

現法人に就職して20年。法人の運営にかかわっていくため、また国の社会福祉法人制度改革もあり、経営企画室を創設してその業務にあたるようになった。前任の理事長が新たな事業を進めようとするたびに、「人材不足で、日々の業務でいっぱいいっぱいなのに、これ以上何をしろっていうの？」という空気が法人内部に流れていた。そういう空気が流れれば流れるほど、法人運営も萎縮していき、経営陣の一員として暗澹《あんたん》たる気持ちで日々を過ごしていた。

一方、全国地域生活支援ネットワークで出会った他法人の理事長たちも、自分と同年代が多いなかで、どこの法人も人材の確保や育成に苦労していて、障害福祉業界に流れる、上を目指したくない、責任を負いたくないという空気が漂うのはわが法人だけではないようだと感じた。そんな空気感を打破したいという同じ想いをもつ仲間たちがいれば自分も頑張れるかもしれないと思い、かつ皆の礎《いしずえ》である「自覚者が責任者」の言葉にも背中を押され、いよいよ理事長となる覚悟を決めた。そして2021（令和3）年4月に第4代の理事長に就任した。全国地域生活支援ネットワークに集う仲間たちは皆、法人規模の大小はあれども、よい実践をしようという気概にあふれている。彼らは、仲間でもあり、互いに切磋琢磨し合えるライバルでもある。

撮影：大西暢夫

こうした同世代で同じような立場の仲間が、全国各地にいるということがわかり、交流したり議論したりすることができれば、すぐには答えの出ない「支援」という仕事に向き合う福祉職員が、日々心の消化と排出をしながら、支援現場に定着していくことに役立つのではないかと思う。

何がしたいのか……

職員も利用者も活き活きと暮らせるように

理事長になってからも、「で、何がしたいの?」と聞かれることがよくある。いつか理事長になったら、やりたいことをやろう!と思っていたが、自分は具体的に何がしたいのか? 漠然と、例えば、私の娘にもその機会がなく、先に述べた診療所での一件があったように、子どもの頃からともに育ち知り合うということを進めたいとは考えている。しかし、地域生活支援を牽引《けんいん》してきた全国の諸先輩たちがつくってきた今の仕組みのなかで、自分は何をすべきなのか、暗中とまではいわなくとも、模索中である。

当法人が障害福祉等のサービスを提供している人は約500人、診療所のカルテ数は約2万人分。それに対し、職員は240人。それぞれに家族もいる。誰かがその責任を担わなければならない。そして、その責任は重く、誰もやりたがらない。だから、自分がやろうと考えた。

現評議員である佐藤進さんからも、「大切なのは愛だよ、愛」と日頃から理事長としての姿勢の教えを受けていたので、漠然と当法人の職員が活き活きと仕事をし、その支援を受けた利用者さんたちも活き活きと暮らせる、そんな環境を生み出したいとは考えている。でも、それは雲を掴むような話である。そして、それはきっとこの仕事をしていれば誰もが考えることだろう。また、当法人は「福祉サービスをカタログ的に展開する」を合言葉に、地域福祉のメニューを、必ずしも制度化されていない時代に先駆けて精力的に展開してきた。しかし、今は制度で一通りの地域福祉サービスは準備されている。そのなかで、漠然としているが、やりたいこと、やらなければいけないことは何か、思考を重ねている。

今年度は「宿泊勤務奨励手当」の創設を考えた。現在、グループホームを11か所運営しているが、そのうちの半分は週末に家族のいる自宅へ帰省している。しかし、徐々に両親の高齢化も進み、やっとの思いで帰省に対応している家庭も増えてきた。11か所のグループホームと短期入所事業を合わせて、1日11名の職員が宿泊勤務をしている。その働き手を安定的に確保することがなかなか難しいため、新たな手当を創設して、現在の職員の中からも宿泊勤務をしたいという人を増やすことが目的だ。また、これにより周辺の事業者との賃金

法人の入社式で

上の差別化を図り、新たな働き手も確保したいと考えている。

介護職員の給与は、全産業の平均の7割程度である。その給料の底上げをすることで初めて、他産業と仕事内容で比較して選ばれる業種となり得るかもしれない。今回の手当は、自己財源による実験的な投資として実施するが、今後の法改正のなかでも、より安定的にこの業界で働いていけるような手立ても考えていけたらと思う。

●バリアフリー演劇・バリアフリー映画との出会い

理事長に就任し、あまり自信がもてずにいたとき、「東京演劇集団　風」のバリアフリー演劇「星の王子さま」に出会う。開演前から、舞台セットや小道具を役者さんたちがアテンドして見せてくれた。音声ガイドがあることで一緒に観劇した私の幼い娘にもわかりやすく、親子で楽しむことができた。客席でも、視覚障害のある母親と聴覚障害のある子どもが、同じ舞台を一緒に観て楽しむことができて感激したと話していた。そうした親子がともに演劇などを楽しむことができていなかったことを、今まで私は想像したこともなかったので、感動しつつ、驚いていた。

また、風の役者の何人かと話す機会もあった。そのなかで、役者が一つの役を突き詰めていくプロセスと、私たちのように障害のある人への支援を行っている人たちが一人の利用者の暮らしについて突き詰めて考えていくプロセスが似ていると感じた。あらためて私たちの日々の仕事は創造的なものだと確信した。

バリアフリー演劇
舞台後方の字幕やライブで役者の動きなどを俳優が説明する音声ガイド、舞台衣装をまとった手話通訳者が役者と連動しながら舞台上で通訳するなど視覚障害・聴覚障害のある人も一緒に楽しめるよう工夫された演劇。

さらにその後バリアフリー映画にも出会い、視覚障害や聴覚障害のある人たちが、子ども時代に同世代の子どもたちと同じアニメをテレビや映画館で観ることができず、大人になってからもそうした同世代の昔話に入れなくて寂しい、という話も聞き驚いた。

子ども時代は、ともに学ぶことのほかに、ゲームや漫画、アニメなどの娯楽を通じて、ともに遊ぶ経験も大切なのではないだろうか。そうして、これもまた北岡さんの発案ではあるが、地域のなかに映画などの娯楽を軸に人々が交流できる拠点をつくろうという映画館プロジェクトが立ち上がった。このプロジェクトでは、障害者福祉施設が映画館を運営し、常にバリアフリー映画が上映されている。そんな映画を通じた地域交流の場をつくることを目指している。近年、世の中はシネコンが隆盛で、お金の稼げる映画だけが消費されているように思う。単館の映画館はどんどん淘汰され、良質な映画を観られる場所も減り続けている。そうした映画業界に一矢報い、パッとしない福祉業界に一石を投じようというものである。

バリアフリー映画
視覚や聴覚に障害のある人が映画を鑑賞できるよう、視覚障害のある人向けの「音声ガイド」や聴覚障害者向けの「日本語字幕」を付けた映画のこと。

バリアフリー演劇を観劇

あらためて、地域福祉を考える

冒頭に紹介した筋ジストロフィー症の彼は、残念ながら２０１７（平成29）年に三十数年という短くも後悔のないであろう充実した生涯を閉じた。彼の葬儀では、蓋を開けたままにした棺の前で友人たちと母親とで酒を酌み交わし、夜遅くまで昔話に花を咲かせたそうである。結婚も葬式も近親者のみで執り行われる昨今、どのように死を迎えるかが地域福祉に必要なことではないかと考えるきっかけともなった。また、先に登場した自分がガイドヘルプを担当した車いすユーザーである男性にも、「性の悩み」があったと推察する。障害のある人の生活にかかわるニーズは多様であり、そのニーズへの対応は福祉サービスとどのように共存できるかを考えていく必要もある。

２０１８（平成30）年に、再びスウェーデンを訪れるチャンスを得た。25年前に見たあのすばらしい福祉からどれほど変わったのだろうと期待に胸を膨らませていたが、あまり大きな変化があったとは見えなかった。アール・ブリュットのスウェーデン展と合わせたイベントで、パーソナルアシスタントサービスについても、あらためて説明を聞いた。現在は、そのサービスが難民の雇用創出の側面があることや、日本でいう通所施設へもパーソナルアシスタントが同行していることを知り、充実を超えて、少し無駄があるような印象を受けた。障害のある人の芸術や文化では、日本がずっと豊かな取り組みを行っている

アール・ブリュットのスウェーデン展
２０１８年にスウェーデンで開催された日本・スウェーデン外交関係樹立１５０周年記念展覧会「アール・ブリュット－日本とスウェーデン（ART BRUT－SVERIGE OCH JAPAN）」展のこと。既存の枠に捕らわれない自由な文化芸術活動の発信と振興を目的として日本全国から選出された作者８名とスウェーデンのアトリエイヌティとメンタルヴォード美術館から選出された作者18名の作品が紹介された。

ということもわかり、わが国に少しばかりの誇りをもった。

あらためてこれからの地域福祉を考えるとき、子どもの頃にどのような環境で育つかが重要であると考える。障害のあるなしによって分け隔てられて育った子どもたちは、いつかさまざまな社会的分断に鈍感になってしまう気がする。ともに育ち、遊び、学ぶなかで、分けないこと、そしてよくわからない他人である友達を長い時間をかけて理解していく、そうした時間が子どもたちの大切な心を育てることにつながると思う。ここまで何度か登場した私の娘は、授かるまでに夫婦でいくつもの苦しい経験をした。子どもを授かり、子どもが生まれてくるというのは、たくさんの奇跡の連続の結果であり、どのような状況の子どもも「奇跡の子ども」であると思う。その「奇跡の子ども」は、まさしく社会の宝なのだ。

私は、私の宝である娘に、障害のある子も、外国籍の子も、貧しい家庭の子も一緒に同じアニメや映画を観て、家庭的な背景や個人の特性によって区別されない共生社会を生きてほしいと願っている。こうしたことが社会的に合意されるように、障害のある子も含め、誰もが地域のなかで育つことを、これからも支えていきたい。

第3章

そして家族になっていく
——特別養子縁組と私たち

下里晴朗（しもざと・はるあき）

1976（昭和51）年生　埼玉県在住
社会福祉法人ほっと未来SOUZOU舎　理事長
特定非営利活動法人全国地域生活支援ネットワーク　理事

私の話
——障害のある人との出会い

●田舎の当たり前の風景

私の生まれ育った町は、栃木県の南方にある人口約1万5000人の小さな町である。私の実家は農家を営んでおり、小さい頃は、曾祖母（享年99歳）と祖父母が名産品のかんぴょうや玉ねぎなどの野菜を出荷していた。父は、祖父母と叔父とともに青森県から一家で移住し、隣の県でプラスチック工場を営んでいた。母は、戦争でハルピンに行った祖父から安定した仕事を勧められ、隣の市で保健師として働いていた。

近所の住民の様子がわかり始めた小学校3年生ごろ、近所に「フーちゃん（仮名）」という知的障害の女性がいることに気がついた。彼女は〝散歩〟を日課としていて、半纏《はんてん》を着てサンダルを履き、独り言を言いながら、わが家の庭（農家なので家の庭に入口、家の脇を通って裏の豚舎側に出口がある）を突っ切り、時々家の中を覗き込んできた。

母曰く、彼女は母と同じ年齢で、小学校は卒業したが中学校以降は進学していなかったそうだ。特別支援学級や支援学校などの特別支援教育がまだ十分に整備されていない時代だったし、今のように障害福祉サービスもなかったが、彼女も家族も福祉の必要性を感じていなかったようにも思えた。当時の自分は〝散歩〟をしている彼女の存在をそのままに受け入れていたが、思春期になる頃には、地区が違う同学年の子どもたちは「山姥《やまんば》」と言って小馬鹿にしていた。当時、まだ知的障害は「精神薄弱」と呼ばれ、差別的に見る人が今よりも多かった反面、分け隔てなく地域で暮らすなかで、特徴的な彼女とどのような距離感で接すればよいかを学んでいた気もする。

ほかにも、知的障害のある「S男ちゃん」と呼ばれる上級生が同じ小学校にいたり、自転車で一日中フラフラして、小学校の隣の駄菓子屋に立ち寄る「ガッツマン」や、「はるおちゃん（本名かは不明）」と呼ばれるユニークな大人たち（彼らは定職に就かず、子どもから見てもちょっと変わっているようにみえた）が身近におり、今にして思えば、障害のある人が、あるがまま、ごく自然に地域のなかで生活していたように思う。

福祉の世界との出会い

私が、実際に福祉の世界と出会ったのは、工業高校在学中である。生徒会が中心となって行っていた、中古の車いすをもらってきて修理し、タイの障害者施設に寄付するという活動や、高校のすぐ近くにあった養護学校にボランティアに行ったときに、言葉を話さず飛び跳ねる同い年ぐらいの子たちと出会った経験は、私の将来の方向性について漠然としたビジョンを与えてくれたように思う。

少年時代にふれ合った「フーちゃん」たちとの出会いや、父親たちのいた町工場が国内産業の海外移転により急激に縮小していく様子、バブル経済の崩壊などを見て、「これからはモノではなく、こころの時代」と考え、高校卒業後の進路は担任の先生の勧めもあり、少しだけふれた「福祉」を学べる大学を目指すようになった。

仕事、そして子どものための特別養子縁組に出会うまで

● 自閉症の人の支援を通じて

大学では、セツルメント活動と野外活動のゼミを中心に過ごしたが、就職先は障害者の入所施設を選んだ。利用者の住環境は1室に複数のベッドが設置されている多床室で、過敏性がある行動障害のある人たちにとって、暮らしやすさへの配慮が欠けていたように感じた。

その後、大学から交際していた彼女（現在の妻）との結婚を考えていた頃、彼女の地元で知的障害者の入所施設の新規開所に伴う求人があった。障害のある人が暮らしやすい環境の施設を探していたので、利用者の居室が個室ユニット型、1棟6人×5棟+短期入所で定員30名の入所施設はとても先駆的に思えた。施設建築中に面接を受け、採用の連絡をもらい、「利用者にとって住まいが安定すれば暮らしも安定する」と思い込んでいた自分にとって、希望に満ちた転職だった。

オープニングスタッフとして仕事が始まり、日々の業務もただ熱意だけでやっていたように思う。グループホームの支援員兼世話人のような業務で週2回から3回夜勤をし、残りは日勤で日中活動の支援員の補助をするような勤務形態だった。担当していた棟内には自閉症の人が3名入居しており、唾吐きや他害行為など日常的に不適応な行動を起こしていた。ここでわかったのは、自閉症の人にとっては「個室があれば問題は解決するというわけではない」ということだった。自閉症の人は、あんなに刺激し合っていた多床室の状況が個室に変わっても、場面の切り替えや時間の使い方の支援がなければ、自分で生活を組み立てられなかったのである。また、こだわりやコミュニケーション方法の違いによるストレスや癇癪《かんしゃく》、生活パターンの違いなどによって、ほかの知的障害の人と一緒に生活することが困難であることもわかってきた。

●入所者のKさんと出会う

あいさつ代わりに利用者・職員問わず抱きつく、60歳近くのKさんという男性利用者がいた。「金の卵」として田舎から上京し、住み込みでガラス工場に勤めたが、社長の世代交代とともに仕事を辞めなければならなくなった。田舎に戻ることも、ほかの仕事や住まいを探すことも難しく、社長が最後にしてあげられたことは、この施設に入所させることであった。

彼は人懐っこい性格で、屈託なく笑った。ほかの多くの知的障害の人がそうであるように、マイペースで人の気持ちを考えるのは苦手であり、若い頃に家族と離れたきり家に戻れない彼は、いつもさみしさを抱えているように見えた。言葉ではうまく表現できない感情を、抱きついて受け止めてほしいと訴えているようだった。毎朝、居室でも作業場でも涙を流しながら抱きついてくる彼と男性職員がハグをする光景は、外から見ると微笑ましかったのではないかと思う。「いいな、（下里は）家に帰れて」とよく話していたが、それは、「家族や好きな人と暮らしたい」という彼の想いであり、それを実現することが福祉の仕事なのではないかと考えさせられた。私は、この施設在職中の25歳の秋に結婚したのだが、結婚式には彼にも来てもらった。彼は、まるで自分の家族が幸せになったかのように喜んでくれた。来訪者が来ると、「（下里の）結婚式に出たんだよ」とよく話をしていたのを覚えている。安心できる誰かと一緒に暮らすことの大切さや、施設であっても自分らしく暮らし、家族のような居場所機能をもつ必要があることを彼に教えられたように思う。

Kさんと

レスパイトサービス事業の開始

そのような利用者たちとの出会いもあって、障害の特性に合った支援を個別的にしていきたい、暮らしぶりに合ったサービス内容を選べるようにしていきたい、という思いから、埼玉県で創設された「障害児（者）生活サポート事業」を自分たちで始める計画を、施設で出会った職員と練り始めた。北岡賢剛氏が滋賀県で始め、全国的に当時盛り上がりを見せていた24時間型のホームヘルプサービスやレスパイトサービス事業を行えないかと、県内の事業所に見学に行き、県内のレスパイトサービスネットワークにもオブザーバーとして参加した。措置制度ではできなかった利用者個人の希望に沿った契約でのサービスをしたかった。また、親御さんからの、障害のある子どもと一緒に過ごす長い夏休みをどうにかできないかというニーズや、子どもが親と離れて自由に休みの日に遊びに出かけられる時間をつくるといったような、障害があってもなくても地域で当たり前に育ち暮らすために必要なサービスを始めたかった。そして、自分たちの収入が厳しくなることを覚悟のうえで、本気で取り組みたいと、男性職員３人で独立し、２００１（平成13）年6月、レスパイトサービスを事業として開始した。

その年はちょうど支援費制度が始まったが、県内ではレスパイト事業が盛んになり、どの任意団体もＮＰＯ法人格を取得し事業を行うことに移行していく時代でもあった。その後、支援費制度が障害者自立支援法に切り替わる頃、私たちの法人は、レスパイト事業を居宅介護や行動援護に移行させた。状況や制度が変わっていくなかで、人材を集めることや、事業の継続性を確保するために事業所を移転するなど、仕事はまだまだ不安定でもあった。

特別養子縁組団体と子どもを迎えるまで

私たち夫婦のこと

仕事が不安定ななかだったが、私たち夫婦は妻の両親の老後とこれから出会えるかもしれない自分たちの未来の子どものために、妻の実家に2世帯で住むことを決めた。妻は直美といい、誰とでも分け隔てなく付き合え、物腰が柔らかく笑顔が素敵な女性である。大学時代は障害児に関する研究室で学ぶなど障害のある人への理解もあり、落ち着きのない自分を理解してくれる優しい人である。妻は学童保育に正規職員で勤めていたが、結婚して5年が経つのに妊娠しなかったため、29歳で退職し、非常勤で特別支援学級の支援員や児童相談所の期間契約職員、障害福祉サービス事業所の職員として勤務しながら不妊治療に通った。3年弱通院を続けたが、妻のほうに大きな原因は見当たらなかった。

それから1年後、「不妊の半数は男性が原因である」という事実と向き合うため、私は男性不妊外来のある病院をインターネットで探した。近くにあったのは、職場の隣の市の総合病院だった。妻が都内まで通院していたことを考えると、かなり近いほうだった。専門の先生が、週に1回来ているとのことで受診したところ、すぐに検査をすることになった。その検査というのは、採取した精液を容器に入れて1時間以内に持っていくというものである。検体を持ち歩くのは結構恥ずかしいし、検査のために自慰行為をするのは屈辱的でもあった。結果は、精子数がゼロであった。「ここから先は、手術を伴う入院検査になるので、よく考えてから決められたほうがいいですよ」と先生から説明があったが、手術までの記録を読み直すと、最初の検査結果から入院前の再検査まで2年が経過していた。再度通院してから4か月後には、手術のできる都内の病院で診察し、TESE（精巣内精子採取術）を受けた。これは睾丸を切開して中の精巣から精子を直接採取する手術のことである。これで精子があれば、妊娠の成功確率は50％と先生から説明を受けた。自分たちの遺伝子を残すには、それを冷凍保存して顕微授精（顕微鏡で卵子に直接精子を受精させる方法、今でこそ一部保険適用になったが多額の費用がかかる）で着床させるのが唯一の手段とのことだった。人生初めての手術がこのような形になるとは思ってもいなかったので、踏ん切りがつくまで2年かかってしまった。精子が無かったときはどうしようという不安も強かったし、あまり言いたくない表現であるが「男として役に立たない」という自尊感情がボロボロになることを恐れていたのかもしれない。

そして、全身麻酔の検査手術は、「精子ゼロ」という絶望的な結果であった。そのうえ、切開した睾丸がとてつもなく痛いということは男性なら想像がつくと思う。常に金玉を蹴られているような感じで、帰宅後も階段の上り下りは1週間ぐらいとても大変だった。痛くて大声で叫ぶときは、絶望的な気持ちや、悔しい気持ちもあったかもしれない。

さて、夫婦でこれからどう生きていくか？　2人で生きていくこともできるが、やはり子育てがしたい。それは2人のなかで変わらない気持ちだった。その思いをどうしたら叶えられるのかという、エゴでしかないかもしれない気持ちを、私たちは「自分たちの産んだ子どもでない子どもを育てる」という形で実現しようという結論に至った。

●育ての親になる準備

子どものことなら児童相談所という発想で、管轄の児童相談所に相談に行くと、里親制度と特別養子縁組があるということを教えられた。そして、担当者から「特別養子縁組であれば、東京に『NPO法人 環の会』という団体がありますよ」と説明を受けた。「自分たちの子どもとして育てたいのならそこしかない」と、自宅に戻り、インターネットで調べるとともに、早速、妻に特別養子縁組で子どもを育てるのはどうかと相談した。

ほどなくして、私たちは東京にある「NPO法人 環の会」（2017（平成29）年より、認定NPO法人）の説明会に参加した。当時は2か月に1回程度開催しており、毎回10組に満たないくらいの夫婦が説明を受けに来ていた。特別養子縁組制度の説明では、母親は子どもを捨てているわけではないし、産んだ子どもを好んで人に託すわけではないこと、環の会では親が子どもを選ぶのではなく、「産みの親」が子どもを育ててもらいたい「育ての親」を選ぶこと、名前は「産みの親」が決めること、「育ての親」になる夫婦は夫婦仲がよいこと、夫婦のどちらかが仕事を辞めて子育てに専念すること、そして性別も、障害の有無も、国籍も育ての親が選ぶことがない「無条件」が条件であることなどが説明された。

産みの母親と子どもへの思い

産みの母親は好んで人に託しているのではない。悩んで悩んで悩みぬいて、それでもほかに方法がないので人に託すのだと。試験養育期間中（裁判所への審判申立てから確定までの間に育て親希望者の自宅で養育する期間）に「やはり自分で育てたい」と、子どもが産みの母親の元に戻っていくことがあるぐらい、母親にとって子どもとの関係は尊いものであるということを知らされた。

説明を受ける前は、あっせん団体が行っていることは、多くの人が想像するであろう「恵まれないかわいそうな子どもに家庭を与える」「母親に事情があり仕方なく他人に子どもを育ててもらう」というような印象があった。しかし、特に環の会初代代表の横田和子さんの、子どもたちのためにすべてを捧げるという強いメッセージに心を打ち抜かれてしまった私たちは、子どものことを第一とするこの会に「子どもの福祉」ということの本質的なものがあると感じた。

育ての親の希望を強く聞けば、縁組はもっとスムーズに、数も増やせるかもしれないし、高い費用を払えば多少の融通を聞いてもらえると思う人が出てくるのもわからなくもない。しかし、困っているのは育ての親になりたい側より、産みの母親であり、生まれてくる、または家庭を必要としている子どもの側なのである。

「産んでくれた母親に寄り添う」――言葉では簡単なようではあるけれど、産みの母親の背景、子どもに対する思いを引き受けるということはとても責任のあることであるし、その人の分も子どもを大切に育てなければいけないということなのだと感じた。「子どもを社会で育てる」というと、言葉では簡単だが、子どもを親の所有物としてではなく、1人の人間として尊重し、「親子が適切な距離」で家族となっていくことは、育ての親やその周りを取り巻く人たち、関係者の配慮、理解、協力があってこそ、初めてできることなのではないだろうか。

説明会から次のステップに進むには、親兄弟など親族への説明をすること、育て親の研修があること、実際に産みの親からお願いされたらすぐにお迎えに行って、乳児院で数日過ごしてから試験養育期間に入ることなどが説明された。私たち夫婦は、先に進むことを決め、お互いの両親へ説明をすることとなった。両親には家を継いできた思いや、そこまでしなくてもよいのではないかなど、私たちへの思いやりも含めてそれぞれの意見はあったが、最終的には「2人で決めたことなら賛成する」ということでその先に進むことができた。

夫婦の関係はこの頃を境に変わったように思う。それまでは長く一緒にいたので、お互いに「言わなくてもわかる、わかってくれる」と思い込んでいたのだが、子どもを迎えるにあたって細かなところまでお互いの意見を出し合い、尊重するところは尊重し合えるようになった。子どものできない体の私のことを受け止め、一緒に生きていこうと考えてくれた彼女に心から「愛している」と思えたのは、子どもたちがきてくれたからだと感謝している。

子どもにとって必要な支援、家族にとって必要な支援

● 産みの親からのバトンを受け取る

私たちは先に進み、環の会の育て親の研修に参加するため、負担金約180万円を納め、妻は3月末で仕事を退職し待つこととなった。ちなみに当時はケースごとに負担金は異なり、1人目と2人目以降でも金額は異なることが多かったようである。現在は国の指導や団体への補助金もあるようなので、状況はかなり変わっていると思うが、不妊治療をした後の経済的負担なのでかなり厳しく、両親にも驚かれた。私たちは親から借りることができたが、経済的に余裕がない場合や、借りることができない人は、この時点で道が閉ざされてしまうので、「狭き門」と言わざるを得ない（現在はそこまでもないようである）。

すぐマッチングすることもあれば、時間がかかる場合もあると聞いていたので、のんびり待つわけでもなく、ふわふわした状態で待つことになった。そんななか、待つこと2か月、ついに環の会のソーシャルワーカーからの電話が鳴り、東京のとある乳児院に2週間後に向かうことになった。電話が来てうれしかったのもあるが、この数年間の夫婦の思いが報われることや、これからの期待ばかりで、口では「子どものために」と言っていても、そのときは自分たち中心で、子どものことを中心になんて全く考えられなかった。

肝心の子どものことや産みの母親のことについては、説明会でもあったように、本当に何も知らせてくれないのだが、乳児院に着くと先に来ていたソーシャルワーカーが少し説明をしてくれた。

乳児院の部屋に案内されると、そこで待っていたのは、私たちに託してくれる産みの母親ではなく、その母親の両親であった。ソーシャルワーカーから説明を受け、生後2週間の女の子をその祖父母から引き継がれ、初めて抱っこした。なんとなく女の子かなと思っていたが、本当に女の子でうれしかったのは今でも忘れない。産みの母親が授けてくれた名前は「優莉亜《ゆりあ》」である。私は涙が止まらず、妻も泣いていた。引き渡してくれた祖父母も泣いていた。

赤ん坊を抱き慣れない私たちに、ソーシャルワーカーが先ほどに続けて産みの母親のことをもう少し教えてくれた。暮らしている地域、年齢が若いこと、好きなアイドルがいること、名前を付けた理由のこと、子どもに勉強を教えてあげてほしいから、妻が社会科の教員免許を持っていたという理由で託したいと考えたことなど。そして、産まれてすぐ乳児院に優莉亜を預けたときに、産みの母親家族で撮った写真を渡してくれた。

ソーシャルワーカーから促しがあり、そこにいた全員で写真を撮り、涙の別れをした後、私たちは乳児院の2泊3日の体験宿舎で、施設長から授乳や沐浴《もくよく》の指導を受けた。これは試験養育期間に入る前のお試し同居のようなもので、何かあったら乳児院に助けてもらえるので安心であった。

優莉亜を迎えての生活が始まる

このお試し同居に入ってからが、本当に慌ただしかった。妊娠期間がないことや年齢や性別がわからないので全く準備をしていなかった私たちは、自宅に帰るまで大忙しだった。通常であれば、妊娠中の検査で赤ちゃんの性別がおおむね判別され、お腹が大きくなるのに合わせて出産後を想像しながら準備しておくことができるが、持っていったのはチャイルドシートのみで、哺乳瓶、おむつ、肌着などをほとんど揃えることができていなかったため、とりあえずそれらを近くのベビー用品店に買いに行くことにした。

このようにバタバタとした産みの親から育ての親へのバトンタッチのなかで、お互いが子どものことだけを考えて、心と言葉を通い合わせられる時間と空間があることは、子どもの出自や育ちにとってとても大切で必要なことだと思う。また、名前を産みの親が決めるということは、子どもへの想いを名前に託すという、そのときできる最大の贈りものである。

「育ての親は生活をすべて子どものためにしなさい」という環の会の方針は、子どものためにエネルギーを注ぎなさいということでもあるのだが、産みの親が子どもに対してしてあげられなかったこと、将来への想いを引き継ぐという行為でもあると思う。この最初の段階である産みの母親と育ての家族をつなぐ支援で重要なのは、産みの母親の想いにどれだけ寄り添えるかどうかなのだろうと強く思う。

優莉亜を迎えて少し経った頃、会のソーシャルワーカーから産みの母親のことを教えてもらった。知的障害があって普段は福祉の事業所に通っていること、妊娠した相手のことはわからないこと、彼女が気づいたときには中絶できなかったこと、彼女の両親は年齢的にも育てられないから託そうと考えたこと。私は、産みの母親が子どもを乳児院に預けるときに家族で撮った写真を見たときに、ひとりだけピースサインをしていたのでなんとなくそうではないかと感じていたが、障害があることについては特に気にはならなかった。むしろ、普段から障害のある人とかかわってきて、その可愛らしさ、素敵さを知っていたので育てられることがうれしかった。ただの偶然だと思うが、神様が自分に「一生をかけて障害のある人のために生きなさい」と言ってくれているようで、本当にうれしかったのである。

ただ、優莉亜も知的障害があるであろう覚悟と準備はしなければいけないと感じ、将来彼女が彼女らしく生きていけるために私たち両親ができることは何かを、夫婦で話し合わなければならないと思った。すべてを受け入れるということは、子どもの将来まで一緒に考え、家族として生きていくことであると、このときその意味がわかったような気がする。

入籍までの日々

ここから、私たちは町役場に同居児童の届出を出したり、会のほうで入籍までの手続きを進めてくれるのと合わせて裁判所に行ったり、縁組申立て後に調査官による家庭訪問があったり、児童相談所の職員が来たりと、何かと手続きが多く、時間もかかった。同居する私たちの両親も自治会に説明をしてくれるなど、子どもを迎えた後もいろいろと協力をしてくれた。特に女の子のおじいちゃんになった義父は、デレデレだったのは言うまでもない。

また、私の兄弟や実家の両親にも事前に説明していたとおり、優莉亜を連れて「はじめまして」のあいさつに行くなどもしたが、妊娠せずに赤ちゃんがいることに最初は不思議な感じこそするものの、そんなことより家族が増えたことをみんなが喜んでくれるのがうれしかったし、包み隠さずいることで彼女のことを小さいときから理解してくれる人がたくさん増えていくことが大切なのだと感じた。

困ったのは、試験養育期間中は戸籍への入籍がまだなので、健康保険証の苗字が違うこと。住所も町の健診や小児科で事情を説明しなければいけないことで妻はいつも苦労していたが、幸い私たちの住む町は養子縁組や里親さんも多いようで、行政での手続きはスムーズだった。

そして、彼女を迎えてから1年を少し過ぎたぐらいの頃、なんとなく落ち着かない試験養育期間を経て裁判所の審判がおり、晴れて入籍の手続きが行えたのである。落ち着かないのは、「やはり子どもを自分で育てるから返してほしい」というケースがゼロではないと、環の会から聞いていたからである（現在は法改正で実親の特別養子縁組の同意の撤回が2週間経過後は不可になっている）。それは私たちにも起きることだし、そのときの覚悟は決めておかなければならないと思っていた。なので、胸を撫でおろすとともに、健康保険証の切り替えなどのさまざまな手続きと彼女の将来への備えなど、親としての責任についていろいろと考えを巡らせていた。私たち夫婦からすれば初めての子育てなので、夜中に何度もある授乳や離乳食、発熱時の対処など、わからないことや大変なことだらけで、普通の子育てと同じように感じることもある一方、特別養子縁組という仕組みを使うなかでの事務的なことや緊張感で、違った部分も何かとあったように思う。

●光莉との出会い

優莉亜が3歳を迎える少し前、会から「2人目を迎えませんか?」という連絡をもらった。

迎えに行くのは隣の県の大学病院だった。今日また家族が増えるということ、優莉亜に弟か妹ができることが、ただただうれしかった。病室で産みの親（今回は父と母）と生後

7日目の女の子と対面する。産みの親が授けてくれた名前は「光莉《ひかり》」である。偶然にも、優莉亜と同じ「莉」の漢字が入っていた。「これは神様がくれたギフトだね」と妻はとても喜んでいた。「そうだね、奇跡かもね」と私も返し、2人の子どものつながりを感じた。そして、前回と同じように写真を撮り、言葉を交わした後に別れの場面になった。私は感激の涙よりうれしさのほうが強かったが、産みの母親は涙の別れになった。2人目ともなると慣れたもので、ベビーカーやミルク、おむつもかき集め、抱っこの手つきも余裕だった。最初と同じように乳児院の体験宿泊にも行ったが、日程は1泊に短縮され、早々の帰宅となった。優莉亜がうれしそうに横になって光莉を見つめている、とても微笑ましい光景の写真が残っている。

光莉の縁組で特別だったのは、その過程でDNA検査をしたことである。アメリカの調査機関に検体を送るということで、縁組もワールドワイドなんだなと思ったが、産みの母親の離婚調停などが関係し、縁組完了までに1年半ぐらいかかった。

光莉の1歳の誕生日

特別養子縁組のこと

特別養子縁組を行う団体は、現在、民間あっせん機関による養子縁組のあっせんに係る児童の保護等に関する法律（特別養子縁組あっせん法）をもとに縁組を行う。特別養子縁組で思うことは、この「つなぐ支援」が制度的にも、クライエントの状況的にもとても複雑で、児童福祉のなかでも特殊なのではないかということである。家庭養護が不足していることに声を上げにくい子どもたち、若年妊娠などの事情があり子育てをすることができない状況や、性犯罪などによる予期せぬ妊娠で困っている女性や子どもが、どこへ行き、誰に話せばよいのかわからないということは深刻な問題だと思う。特別養子縁組のあっせん団体に来る多くの予期せぬ妊娠をした人にとって、他人に相談することが難しい分、出産前に相談のできる団体の存在は重要である。このような民間団体の努力だけではなく、行政にも市民に対する情報提供や相談機関として受け止めることについて、真剣に取り組んでほしいと思う。

他方、子どもを実子として育てたいと考える夫婦に対するサポートも不十分だ。希望する夫婦への経済的な負担を軽減していくことはもちろん必要である（子育てするうえで扶養する能力や少なからずの負担は求めてもいいとは思うが）。さらに、あっせん団体にたどり着くまでも、インターネットが情報源になっている現状があり、正確な情報が十分得られないので、児童相談所や役場の子ども福祉課などが実際のあっせん団体にアクセスし、夫婦の相談に積極的に応じてほしい。

また、子どもたちの養護に必要な研修においても、制度面やケースとしての対応だけではなく、子どもの置かれている状況を理解することや、夫婦が子どもの出自をどのように伝えるのがよいかディスカッションするなど、夫婦がいろいろな角度から向き合う時間を設けることで、子どもの最善の利益が図られるのではないか。それ以外にも、育ての親としての一定の基準も検討する必要があるのではないかという意見もあるし、私もそう思う。子どもが不利益を被らないためにも、養育するうえでは経済的な問題もある程度クリアしてもらう必要性はあるし、子どもの存在や育ちを大切にしてもらうという点では、出自や障害があることなど何事も受け止められる度量、子どもの存在を第一とする思慮や覚悟、利他的な考えや他者への尊厳をもち、コミュニティや学校と適切なコミュニケーションが取れるかなど、数値化はできないが子どもと社会をつないでいくための最低限のスキルとしての人格は求めてもよいと思うので、仕組みとしてさらに知恵を絞る必要がある。

産みの親と子どもが親を選ぶべき

特別養子縁組は社会的養護ではない

私たちの暮らす地域は、昔ながらの近所付き合いが今もそれなりにある。子どもを迎えてからすぐに近所、隣組には両親が説明をしてくれ、子どもの顔を見せにいくなどした。社会で子どもを育てるということは、制度が充実するということだけでなく、社会のなかの家族という単位で周囲に理解をはたらきかけていく育ての親自身の行動や、親と社会とのつながりにもかかっていると思う。家族の形も多様化してきている時代だからこそ、血縁の有無ではなく、家族でいることが当たり前というお互いの認識があることこそが、家族というものではないだろうか。

厚生労働省によれば「社会的養護」とは、保護者のいない児童や、保護者に監護させることが適当でない児童を、公的責任で社会的に養育し、保護するとともに、養育に大きな困難を抱える家庭への支援を行うことである。特別養子縁組も、現在ではその枠組みの中に入っているが、元々は社会のなかで「産みの親」から「育ての親」につないできた実践である。そこには、親と子が変わらない関係のなか、社会で生きていくことを担保する家族のパーマネンシー（永続性）がある。特別養子縁組は、養護という役割をつなぐことだけではなく、通常の親子と同じであることを保証することでもある。

他方、社会的養護は、先ほど述べたとおり養護という役割を社会のなかで担っていこうという考えである。家族に代わって、制度とそこにかかわる人とで養護をつないでいくということは、社会的な困難さを抱えた子どもと家族がどこにいるかをリサーチし、虐待など子どもの生命が脅《おびや》かされるときに法的にも守ること、養護を継続すること、子ども自身

プレゼントの服を着て

が抱えている困難さを改善させることなど、子どもと養護者の両方に対し、たくさんの機関が連携・協力し、アプローチしないと解決しない。

また、ＳＯＳのメッセージを発信することが難しい子どもが困難な状況に置かれたときに、子どものＳＯＳに気がつくことや、命を守ること、危険から引き離すことなど、本来家族が行うケアや、社会との接点をつくるなどの家族機能を、代わりの養護者が一体的に担う難しさを含んでいる。家族になる入口の支援である特別養子縁組あっせん法は、「社会的養護」とは相いれない部分が含まれていると思う。子どもがもっと守られ、家族のパーマネンシー（永続性）を保障できるように、ご近所、知り合い、家族など小さな単位での社会における、ゆるやかなつながりのなかで育てる方法を模索しなければならない。

●産みの親と子どもが育ての親を選ぶ

「親が子どもを選べない」と同様に、「子どもは親を選べない」といわれる。誰もがそうであるように、それが自然なことではあるが、特別養子縁組に限っては「産みの親と子どもが、育ての親を選んでよい」と思う。それは、産みの親のことを無かったことにしてはいけないからである。特別養子縁組では、子どもが新生児で記憶がない場合も多いが、産んでくれた母親の「想い」や、母親に関する「思い出」、子どもの出自を、何よりも大切にしてほしい。だから、生まれてくる命を産みの親に代わって大切に育ててくれる「育ての親」を選択できることが何より重要なのではないだろうか。

また、子どもを中心とした家族づくりが特別養子縁組のあるべき姿なので、社会的養護といわれるような養護を提供するための家族とは違うことも説明していかなければ誤解が生まれる。社会のなかでつながった命という点では、社会的養護といわれるかもしれないが、普通に妊娠して産まれて家族になることも、特別養子縁組で子どもを迎えて親子になることも、家族ということは同じであり、あるがまま自然なことであると理解してほしい。

なお、会では〝テリング〟を育ての親にお願いしている。それはＴＥＬＬ（伝える）にＩＮＧ（進行形）を足した造語で、育ての親になったときから、子どもに「産みの親がいることを伝え続ける」という言葉と行動のことである。ドラマでよくあるように、大人になってから、親と血がつながっていないことを突然知らされるという、いわゆる真実告知ではなく、赤ちゃんのときから産みの親のことを大切な存在として、言葉や写真などで伝えていくという日常の行為が「テリング」である。家族によって違いはあるが、わが家では子ども部屋に産みの親と一緒に写っている写真を飾り、産みの親の話を聞かれたときには応えている。

家族写真

子どもの命がつなぐ縁

現在、厚生労働省の特別養子縁組制度特設サイトがあり、法務省でも周知活動に取り組んだりしている。それでも、自宅で出産して乳児が死亡してしまう事件は起こるし、赤ちゃんポストのように、医療機関が入口にならなければ救えない命があることも現実としてある。苦しんでいる女性が、身近な福祉や医療にアクセスし、救える命が救われるようになっていくことは重要である。さまざまな形の予期せぬ妊娠は、誰にでも起こりうることであるという前提が必要ではないだろうか。

今、私たち家族は普通に暮らしているが、時々2人を産んでくれた親のことや、その暮らしを考え、話をする。ＤＮＡ検査の後、光莉の産みの母親が、「なんか遠くの親戚みたいだね」という言葉をぽつりと発した。これは彼女の本心であり、われわれの関係を言い当てたような言葉であると感じた。住んでいる場所は離れていても、心配したり子どものことを想ったりしていることで、近くにいるような感覚に包まれているのだと思う。

産みの親に会いたいという想いが当たり前であるように、子どもの命はたくさんの人の縁によってつ

家族で冬キャンプ

ながっている。産まれる前から命をつなぐ仕組みが社会のなかで当たり前になり、身近にいつも存在する「親戚のような感覚」が大切にされるような取り組みが大きくなることを強く願っている。

特別養子縁組から考えた自分の福祉の実践

●そして、家族になっていく

2人目を迎えたとき、環の会のソーシャルワーカーは、産みの親とのやり取りを頻繁にしていたように感じた。現在も産みの親との交流は続いており、会を通じて誕生日にはプレゼントを贈ってもらったり、私たちもアルバムを送ったりし、近況の報告をしている。産みの親と育ての親は直接やり取りすることはできないが、子どもが「会いたい」と言えばそのような機会を設けてくれ、ソーシャルワーカーがそれらを把握し記録も残してくれている。子どもへの配慮が行き届いていると感心する。

私は、この特別養子縁組の制度によって家族ができたことで、人生がありがたい方向に進み、このうえなく幸せだと思うが、最終的に縁組というものは、子どもの福祉に立ち返ることが大前提であり、子どもや産みの親、育ての親のニーズ（ニーズという言い方がなじまない感じもするが）を満たす過程で、それぞれのストレングス（強み）が社会と個人の間でエンパワーメントされて幸せになるということは、福祉のあるべき姿であると感じた。それ以外にも、子育てがしたくてもできないことの喪失感や家族がいることのありがたみ、子どもが産まれることが奇跡であることなど、身をもって体験することもできた。

歩き始めが遅かった優莉亜の発達の遅れがわかり、それから夫婦で悩んだ末、本人を理解してもらうためのツールとして、9歳を前に療育手帳を取得した。しかし、制度の恩恵よりも、幼稚園から一緒に育っている理解ある彼女の友だちや親御さんの存在、よく遊んでくれる従兄弟や協力してくれる祖父母に囲まれているという環境のほうが、地域で暮らすうえでは重要である。また、母親が2人いるということや、出自について、学校や家族でも話ができることが当たり前であり、周囲の人たちとわかり合えた経験は、小さいときであればあるほど大切なのだと学ばせてもらっている。

特別養子縁組での親子関係は特別なものではなく、さまざまなサポートは必要であっても、親子が特別だと感じることなく暮らしていけることが重要だと伝えたい。2人の娘が、私たち夫婦の子どもでよかったと

七五三のお祝い

思ってもらえたら幸いだ。その答えは、彼女たちが大人になってから言葉や行動で表現してもらえるだろう。そのときを、楽しみに待ちたいと思っている。

障害児者多機能施設「アジール」外観

子育ての経験から見えた世界

何もない時代から、先輩方の努力によって障害福祉サービスは発展してきたが、時代は変わり、私は「福祉とは何か?」「サービスとは何か?」を常に自問自答しながらも、その根っこにある福祉の源泉「その人らしく幸せに生きていく」ということを意識しながら仕事をしてきたつもりではある。特別養子縁組で子どもたちと家族になり、障害のある子どもの子育てをするなかで「子どもの幸せとは何か?」「家族の幸せとは何か?」を日常的に考えるようになった。社会から見た私たち家族や、子どもから見える社会を想像し、障害のある人が地域の人や障害を知らない人からどう認識されているかなど、社会というものを意識しながら暮らすようになった。

ほかにも、自分の体のことを積極的ではないにしてもカミングアウトし、同じ悩みをもつ人に家族のあり方は血のつながりだけではないことを伝えられるよう、自身の体験を語るなどしている。子どもを通じてある意味、当事者になったことで、自分の子どもたちのためもあるが、同じ境遇の子どもたちのためにも、自分のできることをしなければいけないという考えをもつようになった。

家族は、自分が自分らしくいられ、安心のできる場所であってほしい。もちろん子どもが大人になる過程において一時的に嫌になったり離れたりすることもあるかもしれないが、心の帰る場所は家族のような関係のなかでしかつくれないし、心の帰る場所があるから、人は1人でも歩いていけると私は考える。

そんな家族のような事業所づくりをしたくて、通所の障害児者多機能施設「アジール」を2021（令和3）年4月に埼玉県上尾市で開所した。まだまだ理想にはほど遠く、共生社会の実現が私の目指すところではあるが、どのように生まれても地域で一緒に生きていける仕組みや資源をつくること、今まで多くの障害のある人からもらった「やさしさ」というギフトに恩返しができるようになるまで力を注いでいきたい。

第4章

地域移行を進めたその先にあるもの

――生まれ育った町で本当の地域福祉について考える

岡部浩之（おかべ・ひろゆき）

1973（昭和48）年生　埼玉県在住
社会福祉法人清心会　副理事長
特定非営利活動法人全国地域生活支援ネットワーク　副理事長
埼玉県発達障害福祉協会　副会長
秩父地域自立支援協議会全体会会長

はじめに

埼玉県秩父市で、何の変哲もない「ごく普通」の入所施設から、グループホームや日中活動の場づくりを通して地域への移行を進めるなど、施設の縮減に取り組んで20年以上が経過した。昔ながらの文化や慣習を学びながら地域での実践を重ね、私たちからもさまざまな発信を行うことで、徐々に地域のなかで認められる存在となってきた。この間100人近い利用者を入所施設から地域に送り出したのだが、それでも、一時的とはいえ、決して暮らしやすいとはいえない入所施設を必要としている、利用せざるを得ない人たちがいる現実もある。

この数年、私たちは障害のある人の暮らしの場についてさまざまな議論を重ねてきた。地域とのつながり、本当の地域福祉とは何かを自問してきた。そして現在、「まちと社会のあり方」を問う仕事を進めている建築家とタッグを組んで、新たな発想のもと、発信力のある施設とまちの再構築を目指している。

「入所か地域か?」常に比較の対象とされてきた双方の社会資源について、老朽化し、建替え期を迎えている全国の多くの入所施設への問いかけと提言をさせていただきたい。

この世界に入ったきっかけ

●生まれ育った町　秩父

私は、おそらく本書を執筆している仲間とは障害福祉の世界に入ったきっかけが異なり、福祉や障害に対しての熱き気持ちをもてるようになったのは、この世界に入ってしばらくしてからのことであった。

生まれてこの方、生まれ育った埼玉県の秩父という地を離れることなく、地元を愛し、地元の文化を愛し、地元の人たちを愛し、時を過ごしてきた。秩父には年間300を超える祭りが存在し、日々、秩父盆地のどこからか花火の音が聞こえてくるという賑やかな地域である。特に12月に行われる「秩父夜祭」は、日本三大曳山祭の一つに数えられ、国の重要有形民俗文化財および重要無形民俗文化財として、また2016（平成28）年にはユネスコ無形文化遺産として登録され、歴史的にも文化的にも非常に価値の高い祭りとして認

秩父のシンボル武甲山

識されている。

このような祭りや付随する地域活動、町内活動、消防団活動への参加に若い頃から没頭していた私は、この地で一生暮らしていきたいという想いが常にあり、大学卒業後の進路を選択する際にも、地元に残って働ける職業を求めていた。その当時は就職氷河期であり、過疎化が進むわが町も、ご多分に洩れず就職難であった。希望している企業に就職が叶わず、路頭に迷っていた私に、卒業間近に声をかけてくれたのが現在の職場、社会福祉法人清心会であった。そのときの採用条件は、1年間限定の休職者代替職員であった。

消防団活動

私の生まれた1973（昭和48）年は第2次ベビーブームといわれ、出生数が多く、受験戦争も厳しく浪人が当たり前の時代で、そのうえやっとの思いで大学に入ったときにはすでにバブル崩壊、さらに所帯を持ってこれからバリバリ頑張ろうという頃にはリーマンショックによるとんでもない不況を経験する、というかなり可哀想な（?）世代である。誰が考えたのか知らないが、われわれの世代のことを〝ロストジェネレーション〟と呼ぶらしい。今では笑って話せるが、当時はその時代に生まれたことを恨んだこともあった。

福祉の世界の扉を開ける

学生時代には福祉とは全く縁もなく、勉強もせずにほぼラグビーのみ、大したボランティア経験もなかった私にとって、福祉は異次元の世界であり、施設を初めて訪れた際の衝撃は相当なものであった。衝撃を通り越してカルチャーショックだったように記憶している。余談であるが、当時の上司によると、私の評価は「もって3か月」だったそうだ。早々に戦力外、自由契約候補となってしまった悲しい存在であった。だが、思い返してみると、そのときは私自身も腰かけ的な考えで、「契約期間の1年をとりあえず過ごせればいいか」程度の軽いノリで働いていたのは間違いなかったと思う。自分の未来や将来に全く目標や夢もない、ただの小生意気なだけの若造であったのだ。だから、当時はこの仕事がこの先の私のライフワークになるなんて、周囲も含めて誰ひとり知る由もなかった。

入職した後も未知なる世界ゆえ、知らないこと、わからないことばかりであった。経験豊富な職員や、同世代でもすでに現場経験を重ねていた先輩職員たちの背中を追いかけながらの毎日で、知識、資格、そして経験もない私には彼らの背中はどんどん遠くに感じられ、常に劣等感が付きまとっていた。その劣等感はいまだに私のなかには残っているのだが、それが逆に自分自身を奮い立たせる反骨心となっていることもまた事実である。いわゆる〝雑草魂〟というやつだろうか。

入職当時

法人と自身の転機
――がむしゃらに進めた地域移行。自覚者は責任者である

●地域づくりの始まり

よくも悪くも何の変哲もなかった、入所施設を中心とした運営をしていたわが法人と私自身に転機が訪れたのは、1998（平成10）年のことである。この年より法人が埼玉県から障害児者地域療育等支援事業を受託し、これまで目を向けてこなかった秩父地域の実情や地域のニーズを知るようになった。そして、これを契機に法人事業の今後のあり方についてあらためて議論がなされるようになり、初めて「地域」に目を向けた事業が展開されることとなった。その大きな柱として始まったのがレスパイトサービスであり、グループホームの開設であり、日中活動事業所の充実であった。当時は措置時代、まだまだ私たちの地域の障害福祉サービスには閉塞感が漂っていた頃である。そんなときに、レスパイトサービスやグループホームの立ち上げにかかわることができたことが、定まらなかった私のキャリアビジョンのすべてを変化させたといっても過言ではない。

特にレスパイトサービスでは、制度に人を合わせるのではなく、人に制度を合わせることの大切さを学んだ。レスパイトサービスにおけるわれわれの「売り」である24時間365日緊急対応優先のサービスは、ある意味過酷な仕事ではあったが、そのサービスに

従事することで利用者や家族から自分が必要とされているということを体感できた。この世界に入って初めて周囲から期待されているということを肌で感じた貴重な経験であった。この仕事に集中的に携わった約8年間は、キツイけれど充実した日々であり、心地よい時間だった。まさに水を得た魚のように動き回った。この年月がなければ、今の私はないと断言できる。

この頃に身につけた柔軟性のある発想と、無いものはつくる、そしてとりあえずやりながら考えるという楽観的機動力が、現在の自分がかかわっているさまざまな事業の礎《いしずえ》になっていることは間違いない。また、地域福祉に傾倒していった当時の私たちにとって、1年の最大の楽しみは滋賀県で開催されるアメニティーフォーラムであり、年に一度大津プリンスホテルに集まって、全国各地の地域支援の担い手の熱いメッセージを受け止めることで、さらに熱い思いがたぎったことを思い出す。「いいものはすぐに真似る」という法人の風土も手伝い、そこで吸収した知識や実践方法などは、地元に帰ると即実行していた。糸賀一雄氏の「自覚者は責任者」という言葉も、その言葉の本当の意味も、アメニティーフォーラムを通じて学ばせてもらった。そして、アメニティーフォーラムに対しての期待は現在においても変わらず、常に新しい刺激を受け続けている。

法人が初めて打ち立てた中長期計画において「施設福祉から地域福祉」への方向性を示してからは、入所施設からの受け皿としてのグループホームを積極的に増設していった。決して余裕のある法人運営をしていたわけではなかったと思うが、ここが踏ん張りどころだと、当時の法人幹部が相当な無理をしながらも整備してくれた。

“イケイケどんどん”の精神で進めた地域移行

今となっては笑い話となるが、当時は空き家があれば清心会が即購入するという噂が地域のなかで立ちはじめ、空き物件がでると秩父中の不動産屋から引っ切りなしに当会に連絡が入るほどであった。実際、その時期は年に数か所のグループホームを整備していたこともあり、その噂もあながち冗談でもなかったのだが。その当時は秩父地域には多世帯家族が多く存在し、市場に出回る中古物件も大きめの住宅が多く、グループホームとするには適した条件が揃っていた。そんなことも手伝って、グループホームの整備も順調に進んでいったのであった。

また、このような取り組みを地域のなかで進めるにあたり、大きな反対運動がなかったことも特筆すべき点である。その理由は地域の理解ということに尽きるのだろうが、その根底にはこの後にも述べるが、祭り文化の「仲間を認め、支え合い、守っていく」という考えの影響があるような気がしてならない。

その後、支援費制度になってからは、地域移行の機運が増し、グループホームの設置が加速していった。地域の受け皿を整えた分だけ、入所施設の定員を減らすことを決め、最大65名であった入所施設の定員を徐々に減員し、最終的に下限の30名として、グループホームへの移行を促進していった。あくまでも入所施設は「通過施設」としての位置づけととらえ、そこだけはブレることなく20年以上推し進めてきた。

当時を振り返ると本当に怖いものなしで、〝イケイケどんどん〟の精神、前だけを向いて理想郷づくりに邁進《まいしん》していた。「迷ったら前へ」「今やらなくていつやるの？」という感じで失敗を恐れずに突き進んでいた。今思うとかなり無謀な挑戦もあり、勢いとは恐ろしいものだと感じている。

今の時代は自分たちで抱え込まず、地域の連携を大切にするという考えが一般的であるが、その当時は無いものを憂《うれ》いている時間がもったいなく、多少の強引さはあったが、「無いものはつくる」という発想で地域づくりを進めていた。そして、「まだまだ整備が十分になされていないからこそ、逆に自由なことができる。田舎だからこそ地域福祉はうまくいく！」と思い込んで地域づくりに没頭していた。

当時は障害者福祉にまつわる制度も、私たちの法人も発展途上ということもあり、「地域移行」という一つの大きな目標達成に向け、みんなが一枚岩になっていた。連日連夜、思いを語り合った当時の職員たちのパッションと、地域移行を志した利用者たちの不安ながらも夢と希望に満ち溢れていた表情は、今でも鮮明に覚えているし、これからも決して忘れることはないだろう。

私たちの事業コンセプトは「あらゆる実践を地域と共に」であり、何をするにしても、「いかに地域とつながるか、地域を巻き込むか、地域に貢献できるのか」を基本に考えながら事業を行っている。また、「完璧を目指さず70点を取れればそれでよし」という法人の風土も、いろいろな事案にチャレンジしやすい要因の一つだと感じている。

エピソード1　サービスを買っていただくという感覚

レスパイトサービスの思い出でまず印象的だったのは、サービスを提供して対価をもらうということを肌で感じたということである。現在は、支援の現場で直接サービス対価を支払うということはあまりないと思うが、当時のレスパイトサービス（埼玉県には障害児者生活サポート事業という独自の制度がある）では、1時間当たりのサービス料や諸経費の自己負担分はその都度精算しており、決して安くはないその負担分を、毎回のサービスの終了時に利用者やその家族からいただいていた。マンツーマンのサービスで汗を流し、毎回提供した分の対価をいただくことを繰り返しているうちに、知らず知らずサービス終了時のあいさつが「ありがとうございました」になっていた。店舗型の事業所は別として、その頃の私たちの世界ではなかなか使わなかった表現で、周囲からは「言葉を間違っていないか？」と訝《いぶか》しそうな目で見られたりもしたが、「サービスを使ってくれてありがとう」という率直な感謝の気持ちから出た言葉であった。だから、その後措置制度から契約制度に代わり、報酬が月額制から日額制と変わっても、そんなことは当たり前のことだと思っていた。

■エピソード2　髪も心もスッキリと！　わが町が誇る理容師さん

長年レスパイトや居宅支援を行っているなかで、なぜか多かったのが、散髪の同行支援の依頼であった。現在でも毎月7～8人の散髪の同行支援を担当している。知的障害のある人、特に行動障害のある人や自閉症の人のなかには、理容室や美容室に行って散髪することが困難な人たちがまだ大勢いると聞く。「行きたいんだけど、お店やほかのお客さんに迷惑をかけてしまうから」「じっと座っていられないから」「お店の人に断られてしまった」など、いろいろな理由がある。特別な場所ではなく、誰もが当然のように足を運ぶ場所に行けない。行くことを躊躇《ちゅうちょ》せざるを得ない。これはとってもつらい、切ないことである。聞くだけで胸が苦しくなってしまう。

ここで紹介するのは、大柄で行動障害のあった男性Sさんと、その散髪を快く引き受けてくれた、私の幼なじみで大親友の理容師（以下、マスター）である。

Sさんがこの理容室を利用し始めたのは、15年ほど前からで、当時の年齢は20歳前、体重は100キロを超す巨漢（ご家族の方ゴメンなさい）であった。気になることやこだわるものがあると、それに目がけて突進してしまうこともあり、確かにそれを制止するのは一苦労であった。

あるとき、Sさんの母親から「おしゃれな髪型にさせてあげたいけど、Sがじっとしていられないのよね。どこかいいところないかしら？」という相談を受けた。そのとき即座に思いついたのがこのマスターで、依頼すると二つ返事でOKしてくれた。ただ、今思えばこのマスターならSさんの突進にも対応してくれるだろうという安易な考えであったのは間違いない。実はこのマスター、Sさんを上回る「大柄」だったのである。

当初は、物珍しさもあり、店内のあちこちが気になり落ち着かない様子であった。マスターと私で、店舗の奥に上がり込もうとするSさんを必死に止めたこともあった。

それでも、マスターとのフィーリングがよかったのだろうか、Sさんのこだわりの先が徐々にマスターに向いていき、気になったことを自分から質問して会話を楽しむようになってきたのだった。それに対し、マスターは嫌な顔一つせずに応えてくれていた。あるとき、帰り際に私が「大変だった？」とマスターに尋ねると、「別に、普通だよ。大事な1人のお客さん。来てくれて本当にありがたい」と、サラリと返してくれたことがとてもうれしく、そんな仲間が近くにいることが誇らしかったことを記憶している。

このマスターは障害についての知識があったわけではないが、行動予測と表情の変化を読み取る「気づきの力」は本当にすばらしいものがあり、コミュニケーション力はまさにプロフェッショナルである。これは、私たち障害福祉の現場においても共通する重要なスキルだと思う。興味のありそうな会話でSさんの気を引き、落ち着かせたところで、スピーディーかつ丁寧に髪をカットしていく。はじめは苦手だったひげ剃りも、5回目くらいか

Sさんとマスター

らは気持ちよさそうに落ち着いていられるようになった。いつだったか、短髪なのに、「すみません、リンスもしてください」なんて笑ってしまうリクエストもしていたほどだ。今では、付き添いの私はのんびりと待っていられるようになった。また、カット後にコーヒーのサービスを注文するお茶目な一面もあり、Sさんにとっての大事な居場所となっている。もちろん、本人もご家族も仕上がった髪型を大変気に入ってくれている。

Sさんのカットの様子や仕上がった髪型は地域のなかで評判を呼び、今ではSさんだけでなく、さまざまな障害のある人や、メンタルケアの必要な人がこの理容室を利用するようになっている。カットだけでなく、カット中の会話でも気持ちを上向きにしてくれるので、皆さん、終わった後は髪型だけでなく、表情もとてもいい。

あらためて感じたのは、「地域の人たちの支援力は、福祉の関係者が思っているよりも高いものがある」ということと、そして、そのことを理解できていないがために、逆に「関係者が地域生活のハードルを上げてしまっている可能性がある」ということであった。

秩父という独特の地域性とそこで生まれ育った自身の強み
——井の中の蛙、井の中で己の強みを知る

●顔見知りのネットワーク

地域のなかでの実践を重ねているうちに、当然のように地域のさまざまな人たちとかかわりをもつ機会が増えてきた。そのなかで実際に顔を合わす人の顔ぶれを見ると、私がこれまで仕事以外の接点でかかわってきた人たちとのコミュニケーションが意外に多いことに気づいたのだ。

そもそも秩父という地は、盆地という土地柄も手伝ってか、地縁関係が強い地域といわれている。見ず知らずの人が3人集まったとしても、話のなかに共通の知人が必ずといっていいほど出てくるのである。都市部ではすでに希薄になっている隣組文化も色濃く残っており、いい意味で、みんながお節介なのだ。その大きな要因としては、祭り文化が定着していることが考えられるのではと推測している。

秩父の祭りは大小の差はあれ、どの祭りも地域に密着しており、その構成は老若男女によって成り立っており、そのメンバーには障害のある人も必ずといっていいほど加わっている。障害のある人を仲間に入れなくてはならないのではなく、地元に住む1人として当然のようにメンバーとして参加して、また、それを司《つかさど》る町会や氏子《うじこ》の人たちや檀家《だんか》の人た

ちも大切に受け入れているのである。昨今、行政やマスコミを含め盛んに語られている「共生社会」は、私たちの地域では昔ながらの伝統として継続しており、何やらわざとらしく人工的につくられつつある現代のそれに対し、私は違和感を覚えている。しかし、それは裏返せば、私たちが当たり前のように感じている互助・共助の精神が、思っている以上に今の日本で希薄になっているということなのかもしれない。

現代では、昔ながらの地縁や隣組関係などをよしとしない風潮も高まっているが、私自身はその関係性は〝使い方〟だと思っていて、時には重要な役割を果たしているという認識をもっている。

秩父夜祭

この地域には「福祉」という枠組みに限定しない、地域のネットワークによる多様な関係性が構築されており、そこを有効に活用していくことで問題解決の糸口が見えやすくなる、順調に目標を達成することができるようになるなどの利点があると考えている。これは、おそらく秩父のような中山間の過疎地域独特の文化ではなかろうか。そして、このアプローチを活用していくことも地域のなかでの実践としては重要であると考えている。

自分の強み、地域の強みを知る

また、一概に地域福祉といっても、それぞれの地域にはそれぞれの実情がある。人口、社会資源の数、インフラ整備の状況、土地建物の問題、そして地域住民の障害のある人に対する理解など、そこを無視するわけにはいかない。目指すべき地域福祉の実現には、そこをしっかりと分析したうえで、地域の強み、弱みを理解して実践していく必要がある。その姿は、時に個性的で多様であってよいはずだ。

こうして地域のなかで経験を積んでいくうちに、自分の強みは、このように地域のなかで多くのネットワークをほかの人よりもっていることだと気づくようになった。縦軸をフォーマルな福祉としての理論だったり知識だったりとするならば、横軸は地域の実情を知り、人を知り、文化を知るインフォーマルな力であり、この地域のなかで理想の福祉を実現するには双方併せもつことが非常に重要なことだと実感している。

その一方で、福祉の支援者のなかには「専門的」なかかわりは得意としていても、地域に根差した日常生活上の連携が不得手な人が相当数いるように感じた。例えば、地域生活を行うなかで最も重要なことであるあいさつや感謝の気持ちを表現することなど、日常的なコミュニケーションが欠如しているのではないか？　そんなことを何気なく分析しているうちに、周囲の弱みが自分の強みであることに気づいたのだ。

「福祉は素人だったけど、地域のことには玄人かもしれない」。ここにきて、秩父しか知らない劣等感だらけの井の中の蛙が、やや胸を張って動き出したのである。

■エピソード3　不穏になってしまった利用者。その原因は……

秩父には夏と冬に特に大きな祭りが存在し、その時期になると利用者が不穏になることがある。時に休みがちになったりするのだが、以前、そのことが支援会議のテーマにあがり、「季節性による身体面および精神面の不穏ではないか？」と真剣に議論されたことがあった。祭りごとに興味のない職員にとっては理解できず真剣に悩んでいたのだろうが、それを横目に大笑いしてしまったことがあった。原因は間違いなく祭りが待ち遠しくて、仕事どころではないということなのである。

落ち着きがなく箸をバチ代わりに、机を太鼓代わりに叩いてしまうのも、祭りのせいなのだ。それが落ち着きのない問題行動と心配されていた。それは、もちろん利用者だけでなく、かくいう私もその1人であり、祭り近くになると仕事どころではなくなるのである。振り返ってみると、祭りの前は、理由をつけては休みがちだったような記憶もなんとなく残っている。

エピソード4　ひーちゃんとの思い出

私は幼少の頃、近所のお寺のなかにある広場で、毎日泥んこになりながら日が暮れるまで町内の仲間たちと遊んでいた。缶蹴りをしたり、メンコをしたり、そのなかでも最も楽しんだのが、カラーバットを使った三角ベースの野球だった。時に、ほかの町内や隣の小学校の子どもたちと名誉をかけて戦ったりするなど、とにかくいつも真剣に楽しく遊んでいた。

野球で遊ぶときにいつも助太刀《すけだち》で登場するのが「ひーちゃん」だった。そのときはひーちゃんの年齢などを気にすることもなかったのだが、ひーちゃんはすでに家業の豆腐屋さんを手伝っており、今思い返してみると、配達の帰りに寄り道をして、私たちと野球で遊んでくれていたのだった。時折、豆腐屋の店員がひーちゃんを迎えに来て、叱りながら連れて帰っていくこともあった。そのときはひーちゃんの心配よりも、大きな助っ人を失った危機感のほうが私たちには大きかったと記憶している。ひーちゃんが投げれば相手は空振りの連続、打てばホームランと、投打に大活躍のスター選手だった。今でいうところの二刀流である。そして、ちょくちょく近所の駄菓子屋で気前よく私たちにお菓子を奢ってくれることもあった。

ひーちゃんは、私たちの町内の祭りにも参加していた。いつもニコニコしながら、子どもも係として私たちの近くで面倒を見てくれ、休憩所ではひーちゃんが配るお菓子やアイスクリームがとても楽しみだった。子どもたちみんなが慕うお兄ちゃんなので、保護者からも愛されて、彼に彼女ができたなんて噂が立ったときには町中が大騒ぎだった。そんなこんなのやり取りをしながら時は経ち、私たちは大人になっていった。

私が大学生になった頃、ひーちゃんに軽度の知的障害があることを理解した。だが、その頃の私は福祉や障害のことなど全く興味も理解もなく、そのことに特別な感情をもつこともなかった。ひーちゃんとかかわることも少なくなっていて、祭りで一緒になる程度であった。そのときに一度、ひーちゃんをからかうような言動をして、ひーちゃんの同級生の先輩から厳しく叱られたことがあった。「俺たちの同級生だぞ。俺たちと同じように接しろ」と。その後謝罪した私に、ひーちゃんは、「ヒロは生意気だかんな。しょーがねーやつだな」とニコニコしながら許してくれたのだった。なぜか、そのときのことや彼の笑顔を今でも鮮明に覚えている。

また、あるとき、ひーちゃんが祭りでほかの町内の人からバカにされたことがあった。そのときは町のみんなが激怒して、その相手に向かっていった。このときにひーちゃんは町内の大切な存在で、みんなが彼のことを大切に守っているのだということを肌で感じた。

そこからさらに時が経ち、ひーちゃんは私たちの事業所のサービスを利用することになった。ひーちゃんの人柄もあって、周囲の人たちとはすぐに打ち解けて、町内同様に誰からも愛される存在となった。

ただ1点、私にだけは対応が違った。今までは私のことを「おかべ」とか「ヒ

ひーちゃん肖像画（山﨑 聡：作）

ロ」と呼んでくれていたのに、「岡部さん」に変わってしまったのだ。おそらくほかの人たちは気づきもしなかったと思うが、私はとてもショックだった。彼にその理由を聞くと、「法人のお偉いさんになったから」だということがわかった。幼い頃のお兄ちゃん的存在であったひーちゃんとの関係性がそこで変わってしまったのだ。また、私も彼のことは職場の呼称ルールで「ひーちゃん」と表立って呼べなくなっていた。このジレンマは今でも続いているのだが、2人きりになったときには、これまでどおり「ヒロ」「ひーちゃん」の関係でいようと約束している。

ひーちゃんを通じて、私は真の地域連携と共生社会とはこのような形ではないだろうかと気づかされた。必要なときに当たり前のように周囲が助け合い、大切にし合う文化をこれからも大事にしていきたい。

ひーちゃんは、私たちの町に欠かすことのできないシンボリックな存在なのである。

施設から地域への取り組みの評価と課題

●地域移行を続けてきた今

入所施設からの地域移行にこだわり続けて20年以上が経過した。私たちは時に入所施設を否定しながらグループホームなどの地域福祉の魅力を説いてきたりもした。否定することで、目標に向かう速度が加速するように仕向けていたのかもしれない。ひたすらに入所施設からグループホームへの移行を目標とするビジョンを掲げ、これまで100人近い利用者が私たちの入所施設を卒業して地域生活に移行していった。

2019（令和元）年にわが法人では基本理念を新たなものに変更した。これまでの地域移行への取り組みのなかで重要なキーワードをつなぎ合わせたものである。

「誰もが地域のなかで、その人らしく、幸せを感じながら、機嫌よく暮らせる、共生社会を目指します」

というもので、私たちのこれまでの想いがこのなかにすべて含まれており、とても誇らしい基本理念だと自賛している。

2022（令和4）年現在、1998（平成10）年からの地域移行推進計画のなかで、現在も入所施設を利用している人は6名となった。あと一息で、われわれが目指した地域移行計画の第1幕は完結する予定だ。振り返ってみても、この計画は間違っていなかったと確信しているし、20年以上にわたりこの熱意を維持してきたことを、われながら評価したい。形骸的な地域移行、地域福祉を謳《うた》っている事業所も多いなか、ここまで果たせたことは私たちの誇りだと胸を張りたい。

法人の地域移行推進計画当初は、さまざまな規制もなく既存物件の活用が容易であり、安価で整備することができた。前述のとおり、当時の秩父地域では多世帯家族で土地も建

ビジョン
ビジョンのキャッチフレーズは、
入所≦グループホーム≦∞（可能性は無限大）
であった。

物も広めな家が多く、一軒家で5～6部屋というのがザラであった。グループホームにはもってこいの環境だったのだ。昔ながらのワイワイガヤガヤといった生活風景と、私たちの進めたいグループホームでの暮らしの風景は牧歌的な雰囲気で重なるものがあった。

ところが、年月の経過とともに消防法や建築基準法の改正によってホーム開設の規制が強化され、一方、建築コストの高騰により、ここ数年は当初の勢いに比べ地域移行の整備計画がスローダウンしてしまった感は否めない。特に、建設コストの高騰は利用者の家賃負担にも直結し、生計の維持にもかかわることなので非常に悩ましい問題となっている。

もちろん、支援の質にかかわる問題も、当然これまでに増して考えていかなくてはならない。これまでの私たちは、どちらかというと地域の仕組みづくりに重点を置く傾向にあった。とにかく、まずは地域の受け皿をつくるのだと。そこは成果でもあり、これからの大きな課題であり続けるとも感じている。しかし他方で、昨今の福祉人材の絶対的不足や利用者の高齢化・重度化、障害特性の多様化などに対応するために、より質の高い支援力を担保し続けていくことも大きな課題としてとらえている。

入所施設が果たす役割

一方で、入所施設も併せて運営する法人の責任として、地域移行を進めてきた20年間を地域移行にのみクローズアップして評価してはならないと感じている。これまでの入所施設の果たしてきた役割に対する評価と残された課題を含めて、しっかりと語られなければならない。

私たちは自らの入所施設の環境を常に「地域での普通の暮らし」と比較しながら地域移行を進めてきたわけだが、グループホームを整備しながらも、できる限り入所施設の環境も改善してきた。このことはなかなか表に出して伝える機会はなかったが、忘れてはならない事実でもある。

まず、施設の規模においては、年々定員を減らし少人数制に努め、最大65名だった定員を30名までに減らした。40年前の開設当初は1室4名が定員だったので、半減することにより、完全個室とまではいかなかったが、1室2名くらいの環境には改善できた。とはいえ、これではプライバシーを完全に確保するには至らない。このことは現施設の環境では限界があり、近い将来の小ユニット、個室化は当然なこととととらえている。私たちの法人の行動指針の一つに、「自分や自分の大切な人が受けたいサービスか？　環境か？　を常に自分に問いかけて仕事をしよう」というものがある。ハード面だけを考えると、やはり今でも私たちの入所施設は住みたい場所ではないと言わざるを得ない。そのような環境であることを理解しながらも、今日も入所支援を継続

秩父産の木材をふんだんに使ったグループホーム

していることに矛盾や葛藤を抱え、時折、何ともいえない気持ちになることがある。

終の住処ではなく、通過施設として

だからこそ、ソフトの部分についてはグループホームに近づけるよう常に意識してきた。例えば、グループホームであれば当然の毎日の入浴、個別の洗濯などは、地域移行を始めた20年前から入所施設でも行っていた。入所施設のすべての利用者がいずれは地域に出ていくという目標を掲げていたので、浴室も小さなユニットバスに変更したり、洗濯機も家庭用のものを複数配置したりして、地域移行後に活かせるような事前のトレーニングと位置づけ、当然のこととして行ってきた。そのほか、個別支援もヘルパー利用までの柔軟性はないが、可能な限りニーズに応えてきた。

施設への入所受け入れ時には、あくまでも入所施設は終の住処ではなく通過施設であることを前面に打ち出し、その理念に了承してくださった人のみを受け入れてきた。だから、終身の利用を第一に考えている人からは敬遠される施設であった。現に、入所施設待機者が1600名ともいわれる埼玉県にあって、当会への入所希望者は数名ほどしかいない。

とはいえ、これまで地域移行を進めてきた20年間において、さまざまな事由により結果的に入所施設で受け入れざるを得ないケースが、現在においても存在している。いったんは地域に出ても、施設へ戻ってきてしまった人もいる。もちろん、これは支援者側のスキルの問題でもあるのかもしれないが、今の私たちがたどり着いた地域福祉の現実としても受け止めなくてはならない。

秩父地域だから成し得る暮らしの場の提案
――入所と地域生活の対立構造からいったん離れて考える

あらためて考える地域福祉の姿

私たちの基本的な考え方はこれまでと変わらず、地域のなかで人々に囲まれながら互いに迷惑をかけ、互いに助け合う暮らしが理想であると確信している。現在では入所施設においてもそのような課題意識が共有されるようになり、かつての立地や住環境、大集団支援などのさまざまな負の要因が取り除かれ、居室の個室化、小ユニット制住居など、一昔前とは異なる様式が主流になってきている。

その一方で、近年では、グループホームをつくることだけで地域移行の役割を果たしたように認識し、採算重視で利用者のＱＯＬに無関心なグループホームも増えてきていることを危惧している。事実、私たちの法人のなかでも、グループホームでの生活が当たり前になった今、その先を考えていくことがどことなく停滞しているようにも感じている。また、地域にグループホームをつくっても地域との関係性が希薄で孤立するようなもの、または事業の継続性が担保できない状況もみられるなかで、単純に入所施設とグループホームの存在やそのありようを比較することは、果たして本当に正しい議論なのだろうかという気持ちが芽生えている。前向きに進んでいる入所施設と、地域に根差しながら実践しているグループホームが共存していく方法はないのだろうかと思うようになったのである。

また、さまざまな実体験を重ね、自分なりに地域福祉というものがおぼろげながら見えてきた昨今、「地域」「地域福祉」という言葉を安易に使い過ぎていないか、本当に地域と連携・連動できているのだろうかという疑問を抱くようになってきた。そして、あらためて「地域福祉って何だろうか?」という純粋で素朴な疑問が湧いてきたのだ。

このことについては、地域移行を進めてきた同様の法人、事業所も、実は同じ悩みや疑問をもっているのではないだろうか。そして、これまで紆余《うよ》曲折《きょくせつ》を経ながら実践を積み重ねてきた私たちだからこそ、入所施設と地域福祉の関係性について語れる有資格者だと自覚し、これからの本当の地域づくりについて勇気をもって提言していきたい。

社会福祉法人清心会は、２０２１（令和３）年度からの第7期法人中長期計画の策定にあたり、築40年となる老朽化が進む入所施設のあり方、将来について真剣に議論を重ねてきた。施設を建て直すことに対しては、これまで実直に推し進めてきた地域移行の20年を否定してしまうのではないかという意見や、建て替えを契機に法人全体の事業再編を求める声、また建て替えの是非だけでなく立地についての意見など、数えきれないほどの意見が出され、その最終判断を迫られた私たちは悩みに悩んだ。

議論を尽くしたときに、ふとこれまでの地域福祉に力を入れた20年間が走馬灯のように思い出された。地域福祉に重点を置くという法人としてのスタンスを決定したときには、周囲から冷ややかな目で見られて異分子扱いされたこともあった。でも、そこでくじけずに信念を貫いてきたからこそ、現在は実践に対する評価をしてもらえるようになってきた。あの頃のことを思い出しているうちに、再び熱い思いが込み上げてきた。「周りは気にしない。自分たちがこれまでやってきた地域づくりに誇りをもとう」「評価は必ず後からついてくる」と。そして、これまでの実践の成功も失敗もすべて受け止め、一般論に流されず、新たな秩父の地域づくり、町づくりについて自信をもって提言していこうという結論に至った。

●入所施設の建て替えへの思い

そして、結果的に、私たちは地域移行を推し進めてきた社会福祉法人でありながら、あえて入所施設の建て替えという判断を選択した。非常に重い決断であり、これまでの経緯からすると大きな批判を受けるかもしれない。でも、それは覚悟のうえである。これまで以上に地域との関係を強め、つながりを深め、入所施設さえも地域福祉という大きな枠組みの一つに取り込み、秩父の地域全体を包括する仕組みとすることを堂々と証明できるほどのものをつくっていく決意を固めた。施設をつくるのではなく、新たな地域づくり、まちづくりのイメージである。これからのわれわれの取り組みにぜひ注目していただき、内外から忌《き》憚《たん》のない叱咤《しった》激励《げきれい》をいただきたいと思う。

入所施設の建て替えに関しては、当然のことながら大きなビジョンをもって準備を進めている。

まずは、基本理念である。これまで同様、入所施設は「通過施設」という基本スタンスを第一に、「有期限の利用を前提としていること」、「終の住処を前提とした受け入れは行わないこと」。そのことにより、入口と出口がはっきりとして、これまでも目指してきた循環型の福祉サービスが実践できると考えている。入所↓グループホーム↓その先、というサイクルをしっかりとつくって進めていく。もちろん、サイクルのなかで結果的に入所施設に戻ってくるということも想定しなければならない。

また、設計についても当然のことであるが、支援者側にとっての利便性が高いハコモノをつくる気は毛頭なく、グループホームに移行した際の暮らしをイメージできるよう、小ユニット化して利用者の暮らしやすさを追求していきたい。もちろん暮らしやすすぎて、ずっとそこに留まるということがないように留意しつつである。ともすると、職員の手間が増えるかもしれないが、グループホームであれば当然の業務でもある。地域移行という意味には、利用者だけでなく職員の意識の移行も含まれていると考える。

風通しのよい法人を目指して

次いで、地域とのつながりを常に実感できるような場づくりを考えていきたい。これまでの閉塞感が漂う入所施設のイメージを払拭し、周囲とは遮断された人里離れた場所から、老若男女が集い合う、開放された地域のランドマークとなるような場にしたいと考えている。当会では年に数回、入所施設の敷地内で地域の人たちに開放したイベントを開催している。当初は関係者のみで100人規模のイベントが、さまざまな創意工夫を行うことで、最近では1500人規模の地域のなかでも大きな集客を誇るものになってきた。そこに集う人たちにはここが障害者施設といった特別な意識はなく、たまたまイベントをやっている場所が障害者施設だったといった雰囲気なのである。このような、入所施設を拠点とした人が集う場の設定を日常的に行うことにより、福祉施設で課題となりがちな「風通しのよさ」は促進していけると考えている。

開設当時は法人の近隣は何もない場所だった。それが40年近く経過し、山間地域の秩父であってもドーナツ化現象が進み、人口の流れが市内中心部から入所施設の近隣へと変わってきた。知らず知らずのうちに入所施設の周辺が開発整備され、大型店舗やコンビニ、スーパーマーケットなどが立ち並ぶ、立地的には決して悪くない比較的便利な地域となってきた。このことも、人里離れた入所施設のイメージからの脱却の一助となり、この場所で新たな取り組みを行っていこうと思えた大きな要因の一つでもある。

20年前に地域移行を志した際に、「私たちのこれからの活動範囲は入所施設から秩父地域全体とする」と宣言をした。そのときは、視野を広げようという目的で使った言い回しであったが、今一度その言葉を借りることにより、入所施設も通所施設もグループホームもみんなひっくるめて秩父という地域のなかで何ができるか、その大きな枠組みのイメージを共有することができるのではないだろうか。秩父地域全体を一つの暮らしの場としてとらえて、地域のつながりをより重要視していくことで、入所施設と地域福祉を対比するような議論は、この秩父では必要がなくなっていくのかもしれない。

おわりに
——時代を引き継ぎ、未来につなぐ覚悟

今回の執筆をともにした仲間たちと私には、立場が異なる点がある。ほかの仲間はすでに法人のトップであり、それぞれの地域で先駆的な取り組みをしている尊敬すべき人物たちであるのに対し、私はナンバー2という立場でものを語っている点である。これまでは責任も含めてトップ（理事長）にサポートされながら実践をしてこれたわけで、乳母日傘《おんばひがさ》のなかで育ってきたのも事実である。

私たちの地域移行のドラマは、現理事長が就任した20年前からスタートした。それから今日まで、彼は私たちの意識改革を行い、数えきれない実績を積んできた。よくたとえに出すのだが、就任当時の雰囲気は、まさに幕末に黒船に乗って現れたペリーのようであった。まだまだ閉鎖的であった法人の扉をこじ開けた人物である。

法人は、間もなく設立40年を迎え、それを機に世代交代を行う予定である。その歴史ある法人と、多大な功績を残した現トップから私が未来を引き継ぐ時期が迫っている。その

村山理事長と

足跡を引き継ぐプレッシャーや、前任者の人格、人徳に全く届かない若輩ぶりに弱気になることもあるのだが、バトンを受け取るそのときまでには、少しでも覚悟を固めておきたいと自らに言い聞かせているところである。その覚悟の第一歩を表したのが今回の執筆であり、次世代を担う私にとって内外に向かって思いを表出した宣言でもある。

　振り返ってみると、私のこれまでの人生には順風満帆なんてものはなかった。どちらかというと波乱万丈で、挫折の連続であった。私はどうも選択した道が常に茨《いばら》の道となるタイプの人間のようなのだ（笑）。たぶんこれからもそんなことの繰り返しなのだと思っている。それでも、たとえ苦境に追い込まれても、なんだかんだ乗り越えることができている。それは、助けてくれる本当に数多くの仲間が内外にいたからに他ならない。それこそ、人のつながり、地域のつながりによるものなのである。

　ある企業のＣＭで「壁がある、だから行く」というフレーズを耳にした。なんだか、今の自分にとてもフィットする言葉だった。目の前の困難から目を背けることなく、必要とされていることを実現するために進んでいくことが、私に課せられた使命なのだとあらためて気づくことができた。

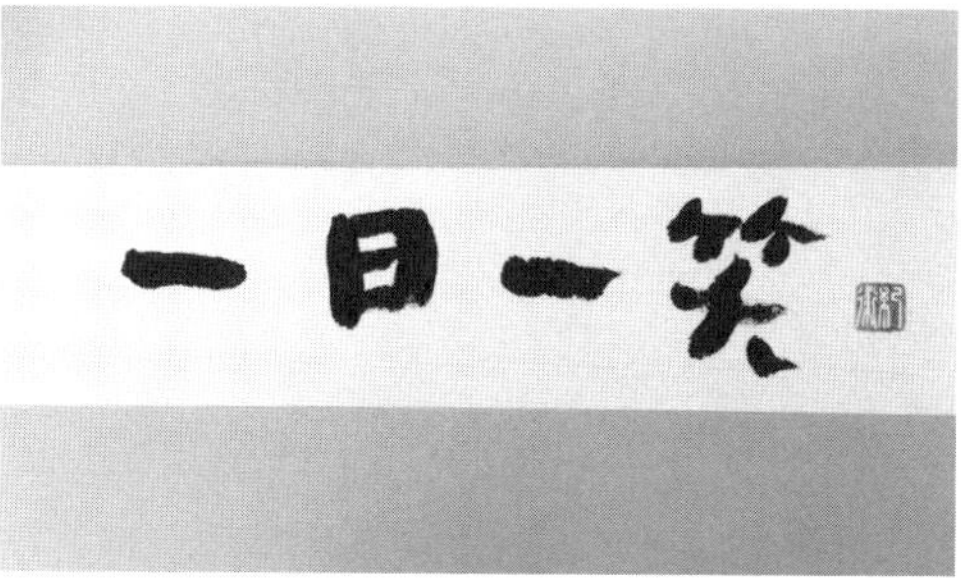

法人のキャッチフレーズ「一日一笑」

おわりに紹介したいのが、秩父地方の方言「せやねぇ」という言葉である。これは「大丈夫、どうにかなる」という意味で、私はこの言葉がとても気に入っている。言われても安心するし、相手に対してもこの一言で場を落ち着かせることができる、魔法の言葉なのだ。時に、大丈夫でないときでも「せやねぇ」を使い、逆に自分を奮い立たせて難局を乗り越えたこともある。これからの自分にとって、さまざまなものを守る大切な言葉になるだろう。

地元を愛し、地元の文化を愛し、地元の人たちを愛し続ける1人として、これから先も誰もが地域のなかで、その人らしく幸せを感じながら機嫌よく暮らせる共生社会づくりに、一日一笑の精神をもって全力を尽くしていきたい。

第5章

壊れているのは脳か社会か

片岡保憲（かたおか・やすのり）

1978（昭和53）年生　高知県在住
特定非営利活動法人脳損傷友の会高知青い空　理事長
特定非営利活動法人日本高次脳機能障害友の会　理事長
株式会社 FIRST RATE　代表取締役
特定非営利活動法人全国地域生活支援ネットワーク　理事

高次脳機能障害との衝撃的な出会い

突然の連絡

1999（平成11）年の春、わが家に激震が走る。

そのときの絶望的な感情は今でもはっきりと記憶している。わが家のムードメーカーである弟の憲孝が、バイクで事故に遭った。11トントラックに巻き込まれ、意識不明の重体。救急搬送された病院に駆けつけたときには、すでに片方の瞳孔は開き、もう片方の瞳孔も開きかけていた。医師からは脳挫傷、急性硬膜下血腫、骨盤骨折、肺挫傷……、非常に危険な状態であると告げられた。

憲孝が事故に遭ったときの私は、理学療法士の養成校に在学しており、まもなく臨床実習に出ようという時期だった。前の学年では学業についていけず留年していた私は、正直、本当に理学療法士という仕事を、自分の生涯の生業としていけるのか悩んでいた。そんな私だったが、憲孝が事故で脳を損傷したとわかったとき、生まれて初めて真剣に、医学書や文献を手に取った。生まれて初めて真剣に、難しすぎる活字と向き合った。なんとしてでも理学療法士になって、憲孝の役に立ちたいと心から思った。

開頭減圧術などの緊急手術、低体温療法などの緊急措置を終えた憲孝は、事故から約1

低体温療法
損傷した脳の保護や頭蓋内圧を下げることを目的として、体温を32℃～34℃まで低下させる治療法。

か月後にＩＣＵ（集中治療室）で意識を取り戻した。人工呼吸器が外れ、ＩＣＵからＨＣＵ（高度治療室）に移り、少しずつ意識を取り戻し、身体を動かしたり、声を出したり、食べ物を口にできたりするようになった。

●事故後の変化

事故から3か月が経った頃には、何とか自力で歩けるようになり退院となったが、私たち家族にとっては予想していなかった苦しい日々の始まりだった。底抜けに明るく、優しかった憲孝の性格は見る影もなく、人としての理性を失ったかのように感じるほど変わってしまっていた。簡単に感情を爆発させ、家具をひっくり返して暴れたり、家出をして近所を徘徊したり、走行中の車のドアを開けて降りようとしたりした。また、タバコの不始

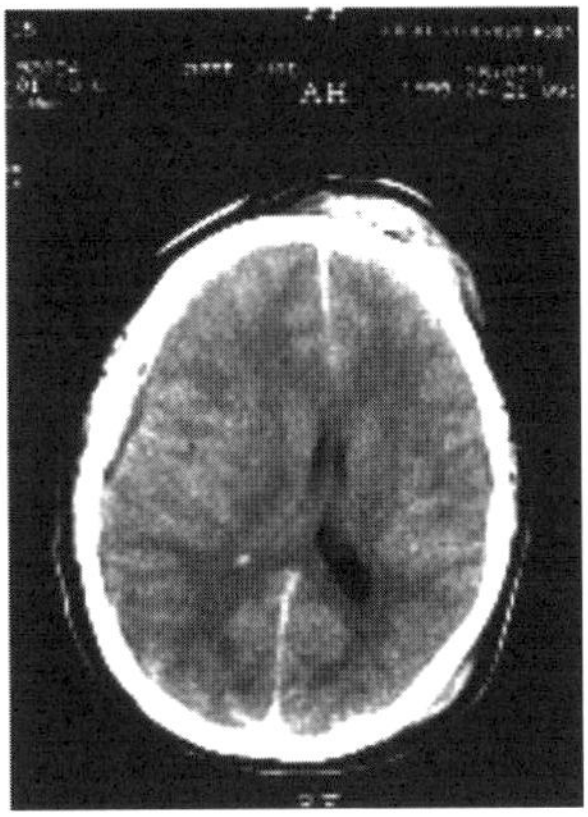

事故当時のＣＴ画像

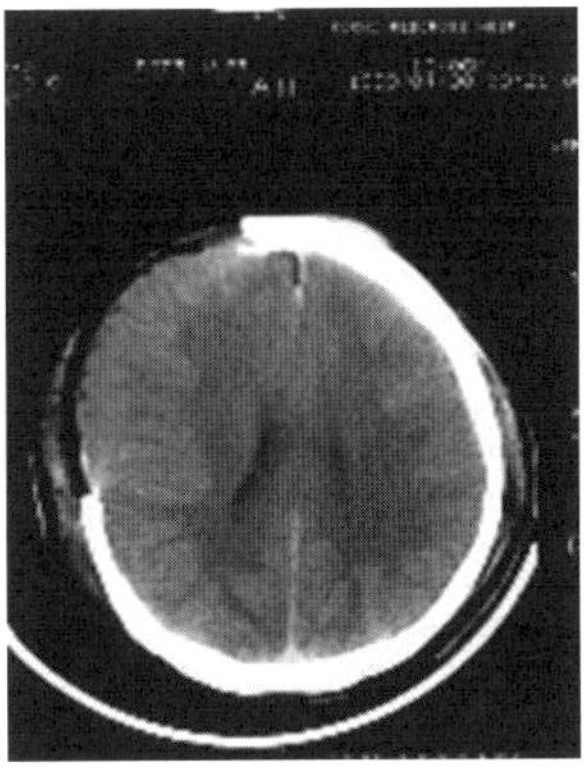

事故から10日目のＣＴ画像

末でボヤ騒ぎを起こしたり、通販番組のすべての商品を注文したり、とにかく私たちが理解に苦しむ行動を毎日毎日繰り返していた。体格はキングコング。暴れたときには、私と父の2人がかりで、必死に憲孝をはがいじめにするしかなかった。

麻痺した右半身を引きずりながら高校に復学したが、1時間も学校に居ることができないことは日常茶飯事だった。右手を骨折して帰ってきたり、喫煙で停学になったり、最終的には女生徒に一方的かつ執拗に交際を迫ったことがきっかけで、復学からわずか数か月で退学となった。幼少期の記憶はあるようにみえるが、昨日の出来事は覚えていない弟を前に、私たち家族はどんどん疲弊していった。

家族の疲弊と診断名

何とか理学療法士になった私は、身につけたばかりの薄っぺらく浅い知識を弟の前に持参し、手や足に触れてみたり、動作の練習を指導したり、クロスワードや漢字・計算ドリルなどを一緒に解いたりした。よくわからない弟の障害をどう治すか、よくわからない障害がある今の状態でどう生活させるか、頭の中はその2つでいっぱいだった。弟は少しずつ回復していったものの、私がしたことによる効果でないことはわかっていた。私たちに生々しく突きつけられる弟の姿は、どれも難解で、理解しがたいものだった。

そんな生活を続け、家族の疲労も限界に達しようかという頃、ある新聞の記事を頼りに行った愛知の病院で、弟に「高次脳機能障害」という診断がついた。キーワードを得た私は、「高次脳機能障害」という言葉を頼りに、その症状などを調べに調べた。どの症状をみても弟に当てはまる。

「あいつは脳を損傷して高次脳機能障害という障害を背負っていたんだ」

弟が事故に遭ってから約1年後の、高次脳機能障害との衝撃的な出会いだった。

高次脳機能障害とは何か

高次脳機能障害は高次な脳機能の障害、つまり、人が社会で適応的に生活するために必要な脳機能の障害である。高次脳機能障害は、一般的に注意障害、記憶障害、遂行機能障害、社会的行動障害に分類されることが多い。注意とは、ある1か所に自分の注意を集中させたり、あるいは分散させたり、持続させたりと、人の行為の基盤となる機能である。さまざまな分類はあるが、記憶も注意と同様に人の行為の基盤となる機能であることは言うまでもない。遂行機能とは、ある目標を立て、それに向かって手順や計画を考え、それを効率よく実行し、その状況を振り返る機能である。そして、社会的行動とは、社会のルールやモラルを理解し、人の気持ちを考えながらとる行動を指す。

弟は、脳の損傷によりこれらの機能が欠損したため、社会ルールを軸として生活している私たちには、到底理解に及ばない行動を頻回に繰り返していたわけである。

高次脳機能障害者支援を通じての学び

●当事者・家族会の発足

２００３（平成15）年の春、私たちの父が中心となり、高次脳機能障害当事者と家族が安心して生活できる環境づくりを目的に、「特定非営利活動法人　脳損傷友の会高知　青い空」という当事者・家族会を発足した。発足以降、高知県で暮らす高次脳機能障害当事者や私たち家族が、何でも話し合える語りの場を毎月設けている。現在は、私と相棒である岡村忠弘（作業療法士）が中心となり、特定非営利活動法人として活動している。たくさんの心あるスタッフに支えられながら、語りの場であがった要望や課題に応えるべく、就労支援事業所や相談支援事業所、アール・ブリュットサポートセンターなどを運営している。

私たちがいる高次脳機能障害者支援の現場は、数々の矛盾に満ちている。しかし、矛盾と闘うことはもうとっくにやめた。あきらめた、ということではない。今は、矛盾と闘うよりも、それを解きほぐす落としどころや折り合いをつけながら、どうやって高次脳機能障害のある人と、それを取り巻く環境との相互関係を構築していくかを考えていくほうが豊かだと思っている。そう思うようになった私のなかに、いつしか「壊れているのは脳か社会か」という問いが生まれた。この問いが生まれた理由を説明したいが、正直、適切な言葉が見当たらない。だから少し、私たちの現場のエピソードを紹介してみることにする。

「非公開の記録」が示すもの

数年前、高次脳機能障害者支援に一緒に取り組んでいるスタッフ全員が疲れ果て、さまざまなモヤモヤを抱えながら、何とかやり過ごしている日々があった。そんなとき、私たちは、通常の支援記録とは別に「非公開の記録」というものを作成し、それをもとに議論を重ねながら、高次脳機能障害者支援のあり方を模索した。その中から6つの記録を公開したい。

「後悔」

Aさん（20代の女性）は毎日きちんと就労支援事業所に来ている。そして、いつもきちんと解体作業に取り組んでくれる。ストレス発散のためか、昼休みは事業所の周辺を走る。汗だくになるまで走る。そしてまた、午後からの作業にきちんと取り組む。

ただ、いつも帽子を被り、サングラスをし、マスクをしている。必要事項以外、基本的に他者と会話をすることはない。いつ頃からだろうか、僕は、彼女の笑顔を見てみたいと思うようになった。

ある日、僕はAさんをレザークラフト作業に誘った。僕は一方的に、けれども彼女のペースには配慮しながら、レザーでキーホルダーをつくる作業を教えた。

　決して出来がいいとはいえない、小さなキーホルダーを完成させるまでに数日かかった。でも、Aさんはもう帽子を被っていなかった。サングラスもマスクもしていなかった。初めて完成させたキーホルダーと彼女と僕は、一緒に記念撮影をした。写真の中の彼女は素敵な笑顔だった。

　それから数週間、Aさんは事業所でキーホルダーづくりに没頭するようになっていた。そんな彼女を見て僕は、他の利用者さんにキーホルダーづくりを教える役を彼女にやってもらおうと考えた。彼女からはしぶしぶ承諾を得た。

　翌日、Aさんは僕のところに来て、「以前、携帯で撮った写真を目の前で消してください」と言った。また帽子を被り、サングラスをし、マスクをしていた。僕はかなりためらったが、彼女の言うとおりに記念写真を消した。

　その日の午後、突然Aさんは事業所を飛び出し、すごいスピードで町に消えた。僕らは一生懸命捜したが、彼女を見つけることはできなかった。

　夜、家族からの連絡で、Aさんは遠い自宅まで走って帰っていたことを知った。次の日から、事業所で彼女の姿を見ることはなくなった。

　車を運転していると、たまに女性が走っている姿を目にすることがある。そんなとき、Aさんとの時間を巻き戻せればと思う。

この記録を振り返り、今思えば、Aさんは私を唯一無二の存在として位置づけて、帽子とサングラスとマスクを外し、笑顔を見せてくれたのではないかと思う。しかし、私はAさんを多くの高次脳機能障害当事者の中の1人と位置づけて支援にあたった。Aさんが求めていたものは、代わりのきかない存在であり、私はそのことに気づいていたはずなのに、その思いに慎重に応えるという姿勢がおろそかになっていたと思う。私がAさんにとっての代わりのきかない存在になれなかったとしても、そういった存在と出会うことのできる場を一緒に探すことができたかもしれない。さまざまな後悔と、社会にそのような場があるのかという疑問が私のなかにある。

「壊れているのは脳か社会か」という問いが生まれた2つ目の例は、支援者や当事者家族の葛藤から見えてきたものである。

「僕たちに何ができたのか」

Bさんが下半身の衣服をすべて脱ぎ、女性職員の前に立ちはだかった。ダメだとわかっていても、抑えきれないそうだ。当然Bさんには、そういった「非理性的行動」という抑制障害があることは職員間で周知していたし、そんなときにはすぐに男性職員を呼んで対応を任せる、ということを徹底していた。毎回、別室で本人と状況の振り返りを行い、本人は毎回反省し、やってはいけない行動だと自覚することができた。僕たちはそうやってコツコツとかかわりを続けていこうと決めていた。

想定外だったのは、ここ数年、自宅でも同様の非理性的行動がみられ、特に娘さんに対してそういった行動がエスカレートしているという事実があったことだった。

家族の精神的負担はピークに達しており、Bさんは精神科病院に入院となった。家に帰りたいという本人。それをどうしても受け入れることのできない家族。

僕たちは支援という名のもとに、いったい何をしてきたのだろうか。非理性的行動に苦しんでいる当事者を見かけるたびに、この悶々とした感情が蘇ってくる。

ある日を境に、一家の大黒柱としてまじめに仕事をしていた父、尊敬していた父が、非理性的な行動をとるようになる。家族はきっと、「脳を損傷したのだから仕方ない」「頑張って支え続ければ、もとの父に戻ってくれるはずだ」、そう思いながら必死に家族としてBさんを支えようとしただろう。一方で、そのような行動があることを、「親戚や友人、近所の人に相談するのはやめておこう」、そんなことも考えていたかもしれない。時間は流れる。家族は「いつになったらこの行動はおさまるのか」「おさまらないのかもしれない」「おさまらなかったら、この行動を繰り返す父を私たちだけで一生支えるのか」、そんなことを考えるようになったのではないだろうか。

私たち支援者に「人の気持ちを自分ごとのように想像する力」がもう少しあって、家族支援を主眼に置いたアプローチができていれば、違った結末になっていたかもしれないという後悔がある。そして、このような人たちが自宅で暮らせなくなったとき、入院や入所の選択肢しかない社会を疑問視する自己も存在する。

次は、「壊れているのは脳か社会か」という問いが、「ルール」というキーワードから生まれた記録である。その手がかりとして3つの記録を公開したい。

「意識があるから運べない」

感情のコントロールができないCさんが、いつものように他の利用者さんに怒鳴り始めた。職員は怒っているCさんをドライブに連れていき、少し気持ちを落ち着かせることに成功した。しかし、事業所に帰ると再び怒鳴り始め、Cさんは痙攣《けいれん》発作で倒れた。すぐに救急車を呼び、応急対応にあたったが、到着した救急隊員から、「本人が拒否されているので病院まで運ぶことはできない」と告げられた。身体は仰《の》け反《ぞ》り、ビクビクと小刻みな痙攣を起こし、朦朧《もうろう》としたわずかな意識状態で、たしかにCさんは小さな声で「病院へは行かない。救急車には乗らない」と繰り返していた。Cさんの意識レベルが徐々に低下していくなか、職員2人がかりでの数時間にわたる対応と説得が続き、最終的にはCさんのわずかな頷きを恣意的に解釈し、職員付き添いのもと病院に搬送されることとなった。

この日の職員会議では、同じようなトラブルが別の場所で同時に発生した場合はどうするのか、支援とは何か、救急搬送のルールについてなど、さまざまなことを話し合った。何ひとつ明確な答えが見つからないまま迎えた翌日、前日の一連の様子を見ていた数名の利用者さんから、「感情が爆発しそうなので僕をドライブに連れていってください」という要望が殺到した。

「756円」

1日の業務が終わろうとしていた夕方、Dさんが自分のロッカーから756円がなくなったと騒ぎだした。かなりご立腹のようだ。Dさんは、脳を損傷して以来、記憶障害があり、感情のコントロールが難しく、人の気持ちを考慮して発言したり行動したりすることができなくなっている。そのことを重々理解している職員が対応にあたるが、Dさんの怒りは落ち着くどころかエスカレートしていく。「ロッカーの鍵を持っているのは自分と管理者だけなのだから、756円を盗ったのは管理者だ」というのが彼の主張だ。間もなく、Dさんが連絡していた警察が到着した。事情聴取、指紋採取……。756円を盗んだ容疑をかけられている管理者の取り調べは淡々と進められていく。

警察の立ち入り調査を終えたのは、夜の20時過ぎだった。結局、警察から「管理者がお金を盗ったという物的証拠が何も得られないので……」という旨の説明がDさんにされて、長い長い1日が終わりを迎えた。

当然、Dさんの納得は得られないまま迎えた翌日の朝、職員がごみ箱のごみを移し替えようとした際に、チャリンチャリンという音が聞こえた。ごみの中から、作業で使う手袋が出てきた。チャリンチャリンという音はこの手袋の中から聞こえる。この時点でDさんを呼び、確認を行った。その手袋はDさんが使っていたもので間違いはなく、少し破れたので、ごみ箱に捨てたとのことであった。Dさんと一緒に手袋を探ってみると、中から672円が出てきた。Dさんの顔に納得の表情と笑みがみられた。

その日の夕方、管理者のもとにDさんが来た。

「756円なくして、手袋の中から672円。84円足りない……」

また警察を呼ぶのだろうか……。僕らは今日も残業の覚悟を決めた。

「窃盗」

定期診察に向かうため、Eさんが午後から事業所を早退した。夕方、警察から事業所に電話が入る。

「Eさんが逮捕されました」

Eさんは脳に損傷を負って以来、事業所の物品やお店の商品を盗む癖があった。どうしてもその行動を抑制することができない。この日も診察が終わった後に、レンタルビデオ店でDVDを盗み、その後、スーパーで商品の焼酎を店外に持ち出したところで取り押さえられた。過去にも何度も窃盗で取り押さえられており、今回もまた刑務所に収監されることになった。一瞬の心の隙を突かれたような出来事に、なんとも言えない感覚に陥り、僕らは落胆した。Eさんの面会希望に1人の職員が指名され、話をすることはできたが、もうどうやっても取り返しのつかない状況だった。

わずかな意識のなか、救急車の乗車拒否をしたCさんを病院に運べないルール。記憶障害があるDさんだけど、Dさんの要望は当然受け入れるという、私がつくった法人のルール。われわれが「盗意」はないと感じているEさんが、罰を受けなければならないという刑罰のルール。そこに上乗せされる職員の働き方のルール。私は社会にルールが必要であることを重々承知している。そして私自身がルール違反はしたくないと思い、私が知らないルールがないことを日々祈っている。もうひとつ付け加える。さまざまな分野の人と、例外の認め方に対するルールづくりの議論をしたいと心から思っている。

最後に、6つ目の記録として、「壊れているのは脳か社会か」という問いが、社会資源の脆弱さという視点から生まれた記録を公開させてもらいたい。

「虐待」

Fさんは、数年前に事故で脳を損傷した。事故後離婚し、奥さんが2人の幼い子どもを置いて家を出てから約2年が経つとのことであった。

そんな事情を知った後に、Fさんの自宅を訪問した。掃除がされた痕跡のない小さな暗い部屋で、小学校低学年の女の子と保育園年中の男の子が遊んでいた。家にある食材はニンジンが1本。さらに数日後、あらためて自宅を訪問したが、いまいち状況が把握できない。ヘルパーさんに介入してもらうことを決め、家庭内の状況や休日の状況、当事者の言動や行動をできるだけ細かく把握して教えてほしい旨を伝えた。

数日でおおよその状況はつかめた。生活保護などで一定の収入はあること。収入のほとんどはFさんがパチンコで使い切ってしまうこと。Fさんは、お金の管理は自分がすると言い張っていること。食材を買うお金がなくなったとき、近所の人や親戚、保育園の園長先生にお金を貸してほしいと何度も交渉していること。子どもは数週間お風呂にも入っておらず、衣服もほとんど着替えていないこと。女の子には持病があり、定期的に病院を受診して薬を飲まなくてはいけない状況であること。子どもたちが1日何も口にしない日があること。Fさんは、感情をコントロールできないときがあり、時々、子どもたちに手をあげてしまうこと……。僕らの頭の中にはさまざまな思いが巡り、悩みに悩んだ。

間もなく、ヘルパーさんからある報告を受けた。日曜日の朝にご飯をつくったが、子どもたちはそのご飯を食べようとしない。昼が過ぎ、夕方になり、ヘルパーさんはなぜ食べないのかと聞いた。

「これは夜のご飯だから……。食べないようにと（Fさんに）言われているから……」

この報告を聞いた瞬間、僕らは躊躇《ちゅうちょ》なく決断した。子どもの命が優先だと思い、すぐに児童相談所に連絡を入れた。それから数日、懸命に状況把握に努めてくれた児童相談所は、子どもを保護するという結論を出した。

Ｆさんが子どもたちに対して行ってきたことは、虐待に位置づけられる。しかし、これはＦさんだけの問題なのだろうか。なぜもっと早く事態を丁寧に把握できなかったのか、車に乗り込む子どもたちを見送りながら、そんなことを悔いていた。

この記録を何度読み返しても、私の思考は混沌とした状態になる。ただ確かなことは、Ｆさんという脳を損傷した人がいて、さまざまな我慢ができず判断能力も低下しているなか、約2年もの間、1人で2人の子どもを育てなければならなかった状況が、今の社会の片隅に存在し、しかも彼の近くにいた支援者でさえそのことに気づかずにいたということである。Ｆさんのような人、そして2人の子どもの存在をキャッチするための仕組みや資源が用意されていない社会は、もはや壊れているといってもよいと思う。

私たちの葛藤の足跡ともいえるこれらの記録のなかには、どうしても公開に踏み切れないエピソードも多々あるが、いつも身近な経験から、「壊れているのは脳か社会か」という問いが生まれ続けていることは確かな事実である。

当事者可能性

前述したように、人が社会で適応的に生活するために必要な脳機能が障害を受けるということは、人がつくった社会のルールになじめなくなったり、ルールから逸脱する行動をとってしまったりするということに他ならない。

そのような障害に対して、私たちは社会の理解を得ようと努めているわけだが、最終的にはいつも、何かしらの壁にぶつかってしまう。時には、「障害があるからといって許されるのか？」という問いにぶつかることもある。そして、精神科病院に入院したり刑務所に入ることになったりする当事者を前に、もう次の言葉が見当たらなくなってしまうこともたびたびである。

壁にぶつかるたびに、私たちは「当事者可能性」という言葉に立ち返る。当事者可能性とは、「今日、もしくは明日、自分自身の脳が、あるいは自分の身近で大切な人の脳が損傷を受ける可能性は誰にでもある」ということである。

憲孝の事故を経験して以来、私はこのフレーズを私自身の口から発信し続けてきた。そしてそのことを、私自身が再度痛感させられた経験がある。そのエピソードを当時の記録から抜粋する。

高瀬峰文。彼は私の同期だ。太平洋を見渡せる学校の、潮の香りを感じる教室で理学療法学をともに学んだ。専門学校卒業後、高瀬は愛媛の病院に就職した。理学療法士になって十数年、彼は主に呼吸と心臓を勉強し、現場では欠かせない理学療法士となっていた。

2016(平成28)年7月6日、SNSを通じて、彼から入院と手術の報告があった。動脈瘤《りゅう》が見つかり、明日クリッピング手術をするという報告だった。

同月10日頃から彼本人とのやり取りが再開された。彼から送られてくる言葉は、支離滅裂で、日本語になっていない言葉が多く、正直、意味不明だった。まだ手術直後だからという気持ちとわずかな不安を胸に私は彼に会いに行った。高速で片道2時間。自分の意思とは関係なしに浮かんでくる、必要もない想像をしながらの運転だったが、その想像は当たっていた。手術後の彼の脳は前頭葉内側に梗塞《こうそく》を起こしていた。

彼にはたくさんの症状があった。右上下肢の感覚麻痺や下肢の運動障害、高次脳機能障害が彼を苦しめていた。動作のスピード調節などは困難で、車いすからベッドへの移乗や歩行はとにかく粗雑で速く、本人はしきりに「フィードバックがきかない……」と訴えていた。

いつもキョロキョロして落ち着きがなく、かと思えば一つのことにこだわり始めたら、それにしつこく執着する。ベッドサイドには離床センサーとコールマットが設置されていたが、彼はそれを解除して動き、転倒する。でも自分に注意障害があることを知っていて、自分に病識がないこともわかっていた。つまり「病識がない」ということを「病識がある」状態だった。彼は、「僕に注意障害があることもわかっているし、病識がないから離床センサーやコールマットを付けられていることもわかっている。でもこの行動を抑制できない。特に僕は離床センサーやコールマットを解除する方法を知っているから、看護師さんにとっては面倒くさい患者だと思う。わかっていても止められない。厄介な病態としか言いようがないね」と語っていた。私たちがとりあえず便宜上使っている「病識」という言葉の意味について、深く考えさせられた。

そんな彼だったが、徐々に回復し、杖をつかなくても歩けるようになった。階段を踏み外すことも転倒することもなくなり、ゆっくり動くことも、速く動くことも、走ることもできるようになった。高次脳機能障害に関してもかなりの改善が認められ、11月5日に退院し、職場に復帰することができた。職場に復帰してから、注意機能や記憶能力の面で以前とは違う自分に苦戦している様子もあるが、何とか仕事を継続し、家族との円満な生活を送っている。

私たちには語り尽くせない思い出がある。その思い出があるから、私たちは彼を何とかしたいと思う。この経験を通じて、あらためて当事者に加えて、当事者との思い出をもつ人たちの気持ちを十分に想像してから、今の自分の行動を決定することの重要性を学んだ。

私の大切な友人が脳を損傷したときに、私自身が発信していた言葉の重みを、あらためて噛み締めることとなった。本当の意味での「当事者可能性」ということを体験した出来事だった。私は、この「当事者可能性」という理由1点のみで、脳の損傷により、人がつくった社会で適応的に生活することに障害を感じている当事者について、みんなで真剣に考える必要性を主張できると思っている。

株式会社 FIRST RATEの歩み

●会社を立ち上げる

「特定非営利活動法人　脳損傷友の会高知　青い空」を私と相棒で運営し始めた同時期に、私は「株式会社　ＦＩＲＳＴ ＲＡＴＥ」を設立した。会社運営を甘く見ているとか、手を広げすぎだとか、さまざまな批判はたくさんあった。現に、当事者・家族会や就労支援事業所を運営しながら、警察や病院、当事者からの夜間の呼び出しなどにも、「われわれのなかにある責任感」という気概のみで何とか対応している日常のなか、少し無理のある決断だということは重々承知していた。しかし、それでも決断した理由が2つあった。

当時の高知県の人口は約70万人、さらにその人口の4割強は高知市内に集中していた。

当時も今も、全国に先行して少子高齢化が急速に進んでいて、人口当たりの病床数は多いにもかかわらず、医療機関は高知中央部に集中し、周辺部の医療過疎化が進んでいる。そのような状況のなかで、1人の医療従事者として高知県の地域医療を支えたい、医療重症度が高い人も住み慣れた場所で、暮らしたい人と暮らせる地域づくりのお手伝いをしたいという思いがあった。これが一つ目の設立理由である。

株式会社　FIRST RATEの周年イベント

その思いをまず形にしたのが「訪問看護ステーションＬＯＣＡＬ」である。株式会社で、医療重症度が高い人を地域で支える訪問看護ステーション、といえば、なんとなく聞こえはいい。しかし実際は、築25年を超えるボロボロの一軒家を拠点に、5人のスタッフとともに、片道1時間半を超える中山間地域への訪問を含む取り組みがスタートだった。訪問看護ステーションの運営のなかには、たくさんの学びの場があった一方、80、90歳代の利用者からは、今ある多くのデイサービスに幼稚さを感じる、日中はお仕着せではないことをして過ごしたいなどの声が上がった。

そんな声を受けて立ち上げたのが「デイサービスＳＥＬＥＣＴ」である。「デイサービスＳＥＬＥＣＴ」のコンセプトには、必要な日中活動量は維持したうえで、自分らしい日中活動の場をスタッフとともに模索することを掲げた。読書をしたい、絵を描きたい、ガーデニングをしたい、運動をしたい……、というニーズだけでなく、もう一歩踏み込んで、手記を残したい、写真を整理したい、自分の歩んできた歴史を動画に残したい……、などの人生を振り返る時間のサポートにも力を入れることにした。本当は「遺言デイサービス」もしくは「終活デイサービス」という看板を掲げたかったのだが、行政からの許可が得られず断念した。

また、訪問看護ステーションでの看取りの経験を重ねるなか、「美容院ｒａｒａ」を立ち上げた。「美容院ｒａｒａ」は、看取り後、あるいは、看取り直前の訪問美容を優先的に行う美容院で、看護師とともに美容師が自宅を訪問し、カットやヘアメイクを行う。私たちはこの行為を「天国に旅立たれるその人にかかわったすべての人たちの、感謝の気持ちを詰め込んだ贈り物」と表現している。

会社を立ち上げたもう一つの理由

「株式会社　ＦＩＲＳＴ　ＲＡＴＥ」設立のもう一つの理由を説明するために、あと少しだけ、弟のことを書きたいと思う。

弟が高次脳機能障害と診断されたとき、弟には視力障害と右側同名性半盲があることがわかった。同名性半盲とは両眼の同じ側の視野が欠損されることである。視力障害と右側同名性半盲の診断がついたことで、高校を退学していた弟は、2001（平成13）年から盲学校の高等部に入学できた。盲学校生活のなかで自分自身と向き合い、徐々に感情のコントロールができるようになり、幼稚な部分は残しながらも、他者とのコミュニケーションが取れるようになっていった。記憶障害が重度であったため、あん摩マッサージ指圧師の国家試験にはかなりの苦戦を強いられたが、3度目の挑戦で何とか合格し、就職が決まった。

その後、あん摩マッサージ指圧師として整形外科病院で仕事をすることとなるが、職員の1人と人間関係がうまくいかず、最終的には対人トラブルがきっかけで退職となった。弟が整形外科病院に勤務した3年間、職場の同僚とうまくいかないときがあることは、そのたびに本人から聞いていたし、対人トラブルを予期し、きちんと家族にサインも出してくれていた。しかし、当時の私たち家族は、どのような手助けをしたらいいのかわからず、退職に至るまでの過程をただただ傍観することしかできなかった。

高次脳機能障害のある人の就業定着率のこと

私はこのとき初めて、弟と同じような経験をした人が全国にたくさんいること、高次脳機能障害のある人の就業定着率は低く、その理由は、周囲の人の理解を得られないからとされていることを知った。過去に、幾度となく弟と、「私たち兄弟が社会に対して何ができるのか」について真剣に議論したことがある。

2人で出した結論は、高次脳機能障害に対する理解があるスタッフに囲まれて働いたときに、次にどんな課題を抱えることになるのかを実験してみよう、というものだった。つまり、少なくとも私と弟は、高次脳機能障害のある人の就業定着率が低いことに対しての理由が、周囲の人の理解が得られないことだけではない、という直感をもっているということだ。当たり前のことだが、高次脳機能障害のある人は、高次脳機能障害の理解を含む、その人としてのパーソナリティの理解が得られてこそ、満足につながっていくのではない

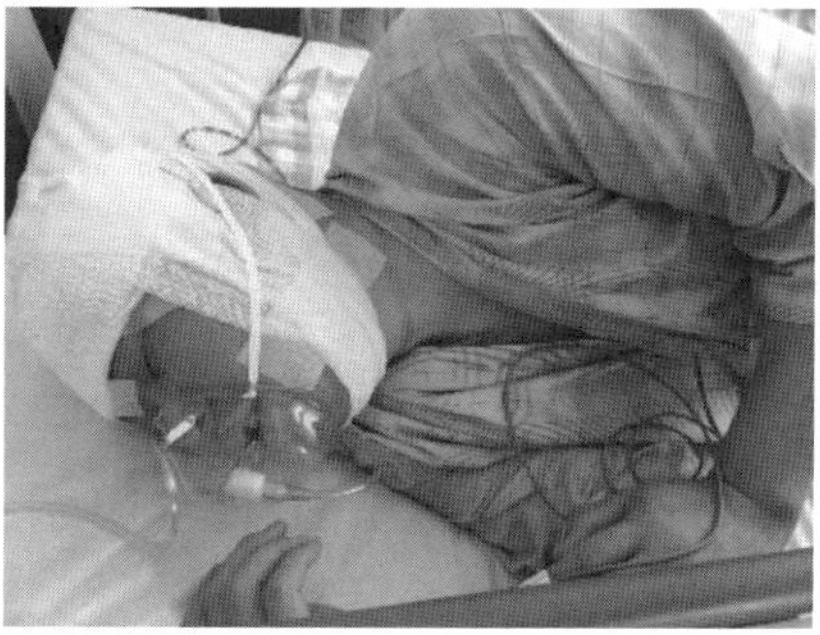
2016年、人工硬膜除去・頭蓋骨入れ替え手術

現在の憲孝

かと思う。その答えを得るためにもと考え設立した「株式会社　FIRST RATE」で、弟が高次脳機能障害に対する理解があるスタッフに囲まれて働いてみる、という実験的ビジョンはまだ実現していないが、私と弟の前に新しい課題が立ちはだかる未来は、そう遠くはないと思っている。

高次脳機能障害者支援の現状と課題

高次脳機能障害のある人・家族が置かれている現状と課題

人が社会で適応的に生活するために必要な脳機能に障害があっても、身体や心が痛みを感じなくなるわけではない。高次脳機能障害のある人も、他人に見放されたり、孤独感を感じたりしたときに、われわれと同じように心身は傷つく。そうであれば、同じ1人の人間として苦しみに寄り添い、胸の痛みを緩衝させ得る方法を模索し、そのことをできるだけありのまま多くの人に伝えていくことが、今、われわれにできることではないかと感じている。

全国に30万人いる、あるいは50万人いると推測されている高次脳機能障害のある当事者を取り巻く環境には、高次脳機能障害の診断基準が確立され、支援・普及事業が全国的に展開された今でも、たくさんの課題が山積している。いまだ、社会では高次脳機能障害という言葉すらも十分に周知されているとはいえず、当事者やその家族に適切な支援が届いていない現状がある。

例えば、医療的リハビリテーションや社会的リハビリテーションなどの十分な支援が受けられないまま、在宅や職場へ復帰し、ドロップアウトしてしまう当事者が存在する。また、高次脳機能障害の診断書や年金申請書を記載できる医療機関や医師が見つからないという声を頻繁に聞く。当事者を抱えている親世代からは、親亡き後の未来に対する不安の声も上がっている。地域の受け皿は不足し、日中活動や生活場面で孤立感を感じている当事者が存在する。高次脳機能障害のある人への対応や支援について学べる場は少なく、障害特性に応じた現場対応を身につけている支援者が少ない現状もある。さらには、高次脳機能障害が原因で軽犯罪などを累積しているケースが確認されている。

高次脳機能障害のある人への支援の方向性

ここまで現状と課題を簡単に綴《つづ》ったが、これらの課題に直面するとき、私の頭を悩ますことが多いのは、社会が決めた刑罰の対象にはならないものの、他人から好まれない行動をとってしまう人たちについてである。私たちの現場には、職場の同僚を傷つける言葉を放ったり、通りすがりの女性を執拗に口説いたり、約束を守れなかったり、鼻垢を他人になすりつける行為が止められなかったり……、モラルから逸脱し、社会性が欠如してしまっているさまざまな人がいる。

そういったトラブルに結びつく行為の原因はいったいどこにあるのかと考えたときに、私は、「生活の安定」が得られていない、という一つの仮説をもっている。例えば、われわれにとっての仕事は多少のつらさや我慢の要素が含まれる。しかしわれわれは、多少のつらいことを乗り越えて、ある程度の責任感をもって仕事に取り組むことができている。そういった「多少の我慢」の背景に、「生活の安定」があるのではないかと思うのである。

噛み砕いて説明すると、今日は安心できる自宅でゆっくりと過ごそう、週末は友人と映画を観に行こう、次の休みの日には大好きな野球チームの応援に行こう、などという、心が躍ったり安らいだりする安全基地のような生活空間があるから、「多少の我慢」が可能になっていると思う。もちろん、このことは障害の有無にかかわらず、現代社会で困りごとを抱えているすべての人たちにもいえることであろうが、特に高次脳機能障害のある当事者には、そういった安全基地になり得る生活空間が圧倒的に少ないのではないかということを常日頃感じている。

一方で、当事者家族という立場の私自身が、当事者の安全基地を確保することの困難さを身にしみて感じていることも、確かな事実である。実は、この「当事者の安全基地」をめぐる議論は、高次脳機能障害のある人を支援している仲間との間でも、たびたび話題に上る。明確な答えは見つかっていないが、その議論のなかで3つほどのキーワードは得ていて、支援を再考する方向性はぼんやりとではあるが見えてきている。

1つ目は、衣・食・住の安定した生活環境の支援、2つ目は、その人を取り巻く人との人間関係構築に向けた支援、3つ目は、特別な関係にある人や趣味・娯楽などを含む、個人の心の居場所に対する支援である。それらの支援は必ずしも直接的に本人や家族に向けられるのではなく、彼、もしくは彼女らを取り巻く人間関係や地域の状況なども視野に収めたものになるだろう。もし、高次脳機能障害のある人が社会から孤立していると感じず、心安らぐ生活空間を得られたなら、モラルから逸脱し、社会性が欠如していると言われてしまう行為を抑制することができるのかもしれない――そう感じている。

高次脳機能障害者支援のこれから

法をつくるという道を知る

高次脳機能障害の現状と課題に対し、自分に何ができるのかを考えている時期があった。2014(平成26)年から2015(平成27)年にかけて、私は2016(平成28)年に開催される特定非営利活動法人 日本脳外傷友の会(現在は、日本高次脳機能障害友の会)の第16回全国大会の基調講演の講演者を求めて、全国各地の講習会を行脚《あんぎゃ》していた。行脚を始めてから1年半が経った頃、東京の講習会で登壇していた北岡賢剛氏の講演にふれた。氏の話に感銘を受けた私は、初対面であったにもかかわらず全国大会での講演を依頼し快諾を得た。その出会いから間もなくして、北岡氏は、制度の狭間にある障害ともいわれている高次脳機能障害に対し、高次脳機能障害者支援法（仮）をつくるという道があることを教示してくれた。私はこの提案に、ひとまずのトンネルの出口をみた。高次脳機能障害者支援に関する基本理念を定めることを目的とする法律の制定が実現すれば、高次脳機能障害の周知・啓発、つまりは、高次脳機能障害のことをみんなに知ってもらう、という当事者や当事者家族が望む一番の目標が達成されることとなる。私自身の目標が明確になった瞬間でもあった。

高次脳機能障害者支援法（仮）の制定は、高次脳機能障害のことをたくさんの人に知ってもらうこと、そして、その人たちの知恵を集結して議論し始めることができる、というスタート地点であるととらえている。スタート地点に立ってからの議論こそが重要であると感じる。

高次脳機能障害者支援法（仮）の先にあるもの

私たちは、常に「問い」のなかで生きている。問いを得ては仮説を立て、仮説を検証し、回答を導き出そうと日々もがいている。これが私の感じる障害者支援の現場だ。しかし、視野をほんの少しだけ広げれば、この考え方も的を射ていない。なぜならそこには、そもそも「支援する者」と「支援される者」という対極する枠組みが存在しているからだ。そのことを含め、私の視野を大きく広げてくれたのも北岡氏であった。

北岡氏、あるいは、氏を通じて出会った人たちは、高次脳機能障害のある人を理解し、われわれ支援者の気持ちを支えてくれるだけでなく、私たちに「障害のある人の文化芸術」という視点を与えてくれた。障害特性上、文化や芸術にふれる機会が圧倒的に少ない高次脳機能障害のある人も、そしてその人たちを支援するわれわれも、映画や美術、舞台芸術という豊かな文化的環境を求めるべきだと言ってくれた。

そして、そのような文化芸術というプラットホームを通じて、私は、世の中で生きづらさを感じているのは高次脳機能障害のある人だけではないことを学んだ。これが、先に、高次脳機能障害者支援法（仮）の制定に対して、「ひとまずのトンネルの出口」と表現した理由である。

学び続けるなかで、どうすれば社会モデルを軸におきながら、人間らしい揺らぎや豊かさという余裕を兼ね備えた社会にしていくことができるのかと真剣に考えるようになった。そして、あらためて前述した弟との実験的ビジョンを実現したいと思った。人的環境を含めた社会と、個人の心身機能の障害とが相まってつくり出されるのが「障害」であり、障壁を取り除くのが社会の責務であるという社会モデルの考え方に異論はない。しかしながら、当事者が、高次脳機能障害に対する理解があるスタッフに囲まれて働く環境に身を置けたとしても、当事者の満足度には直結しないと私は感じている。高次脳機能障害に対する周囲の理解そのものを社会モデルとするときに、実はその上に積み上げる、人と人という豊かな関係性、あるいは曖昧な関係性が重要で、不確実性の上に、絆とか、信頼とか、愛情といった、表現しづらいものを積み上げることが満足度に関係していると考えている。そしてこのことも、先に述べた障害の種別にかかわることではない、と考え始めている。少々おかしな話だが、まだ制定もされていない法律の先にあるものに、私は闘志を燃やし始めている。

そういった意味をすべて含めて、私はこれから、以前の私よりもずっと広い視野で、「壊れているのは脳か社会か」という問いに立ち向かう。この難題に真っ向から向き合い、誰も取りこぼさない、ともに生きる社会を目指した活動に邁進《まいしん》したいと思っている。

最後に
――今は亡き2人の祖父の股ぐらに挟まれて

● 私自身のこと

ここまで少々かたいことを述べてきたが、最後くらいは緩やかに締めくくりたいと思う。私があまり人に話してこなかった、私自身の心の奥底にある「ぬくもり」について記してみたい。

実は私は、脳性麻痺児として生まれてくる可能性があった。私がおなかにいるときに母が風疹《ふうしん》に罹患《りかん》したためである。結局、脳性麻痺はなく生まれてきたわけだが、幼少期に、口唇裂《こうしんれつ》に対する形成手術を計8回受けている。鼻と口付近の形成不全である。私は幼少期に、両親からの「障害のある子どもとして産んで申し訳ない」という思いを感じ取っていた。また同時に、「障害のある子どもとして生まれてきた分、人一倍しっかり育てなければならない」という思いもなんとなくわかっていた。しかし、幼少期の私はというと、両親のそんな思いにとても応えられるような子どもではなかった。

私は山と川に囲まれた、超ド田舎で育った。私の通った小学校も中学校も廃校になり、今はもうない。小学校の同級生はたった6人。参観日に、教室内で飛んでいたちょうちょが窓から外に出て行くと、それを追いかけて山に消えていく、そんな子どもだった。自分で秘密基地をつくり、そこにゴミ捨て場から拾ってきたテレビとアンテナを置き、体育倉庫から延長コードの電工ドラムを拝借して、一番近い民家から電気をもらって楽しんでいた。しかし、その電気泥棒がバレて、罰として農業を手伝わされることとなり、少しずつ農機具のネジを緩めるイタズラをし、機械が壊れて慌てるおじいを見て、心のなかで笑う悪童。ろくに勉強もせず、カエルにアルコールを飲ませる実験をしたり、野良犬や野良猫を家に連れ帰ったり、夜中に家出をしたり……。そんな素行の私を両親はとにかく厳しく育てた。人様に迷惑をかけるようなことをしたときには、真っ暗な納屋で反省させられることもあった。

しかし私には、強い味方がいた。他界するまで私を一度も叱ることがなかった祖父と外祖父だ。

2人の味方

祖父は、納屋に閉じ込められた私を必ず救出してくれた。家出をして観音堂の下で毛布にくるまっている私を、必ず迎えに来てくれた。迎えに来てくれる祖父の懐中電灯の明かりがなんだか好きで、わざと何度も家出をした。祖父の股ぐらに挟まれながら、両親には内緒で観る「8時だョ！　全員集合」は格別だった。夜遅くにモゾモゾと祖父の布団に忍び込み、戦争の話や炭鉱の話、イノシシの仕留め方やニワトリの捌《さば》き方の話を何度もしてもらった。

また、村から車で15分ほどの町に住む外祖父もそうだった。私が入院中には、片道1時間のバスに乗って毎日マンガを届けてくれた。両親には内緒で食べたインスタントラーメン、内緒で買ってくれるプラモデル。とにかく私は、「内緒」という言葉に胸が躍った。外祖父の股ぐらにも挟まれながら、自分の大学受験失敗の話やパイプ工場で働いていたときの話など、私のお気に入り話を何度もしてもらった。当時の私は、両親の厳しいしつけから逃れるのにも忙しかったが、祖父と外祖父の股ぐらを行ったり来たりするのも忙しかった。

難しいことを抜きにして考えると、きっと人には、「2人の祖父の股ぐらのような居場所」があればいいのだと思う。

第6章

座談会

——入職4年目、その気になった僕が先輩たちに聞いてみたいこと

水流源彦

岡部浩之

丹羽彩文

下里晴朗

片岡保憲

第1章から第5章をふまえ、共生社会の実現に向けた障害福祉の未来について、語り合います。障害福祉の先達より受け継いだバトンを、さらに次につなげていく世代となる著者5人。次にバトンを受け継ぐ世代の代表として聞いてみたいことを投げかけました。

司会進行　御代田太一（社会福祉法人グロー）

御代田　本書の最後を飾る座談会です。みなさま、よろしくお願いします。

一同　よろしくお願いします。

立ち戻る場所にある記憶

御代田　今回、皆さんの原稿（第1章から第5章）を読ませていただいたときに、共通しているテーマは「記憶」だと思いました。丹羽さんは、筋ジス（筋ジストロフィー症）の弟分の彼のことを原点として書いていて、岡部さんは祭りが有名な秩父の文化が根っこにある。３人とも、立ち戻るべき記憶がしっかりありました。

丹羽　確かに、そういう意味では共通しているね。

御代田　一方で水流さんは、インクルーシブ保育園で子どもたちに記憶を刻む仕事をしていて、下里さんも２人のお子さんを特別養子縁組で迎え入れたなかで、どんな記憶を育んでもらうかを日々考えているんだろうと思いました。自分の子ども時代の記憶だけでなく、働き始めてからのことも含め、立ち戻る場所としてどんな記憶や体験があるのか、手始めにまずお聞きしたいです。

丹羽　じゃあ、年齢順にいく？　一番若い人から。

片岡　僕かな？

御代田　では、片岡さんにとって、「祖父の股ぐら」って、どんな場所だったのですか。

片岡　祖父の股ぐらっていうのは、僕がそれにすがる気持ちが強くて。いろんな嫌なことにも耐えられるし、自分の嫌な部分も癒やせる場所だったんですよね。ほかに「記憶」というキーワードで思い出したことは、弟が事故に遭ってから、理学療法士として病院に勤務していたのですが、すごく肩に力が入って、周りから「何をそんなに焦っているんだ」といつも言われていた時期があったんです。当時、担当の脊髄損傷の患者さんたちが数名いたんだけど、病院内で異動になるとき、患者さん主催で、僕の壮行会を開いてもらえることになったんです。院長には「お前は何を考えているんだ」「患者と医療従事者が飲みに行くなんて言語道断だ」と怒られるわけ。

でも、結局、僕は飲みに行ったの。クビになるなとも想像しながら。でもそういう判断ができたのは、もしかしたらこの祖父の股ぐらみたいな経験が幼少期にあったからかもしれない。白い壁に囲まれたなかで社会のシステムに乗って、医療行為が提供されている。でもそれだけじゃ何か足りないものを感じていて、ちょっとそういう、もがくような行為をしていたのかな。

丹羽　なんだかこんなに静かに聞いているっていうのが難しくなってくる。

下里　難しい。いつもは飲みながらですからね（笑）。

御代田　年齢順でいくと、片岡さんの次は、下里さんですかね。下里さんは特別養子縁組を受け入れた今の自分の、原点になっている記憶とかってあるのですか?

下里　僕、子どものことでいえば……、というか、僕が5人の中で一番普通かなって思っていて。

丹羽　絶対普通じゃないでしょ(笑)。

下里　いや、でも何ていうんですかね。家族や自分の親のことで悩んだりとか苦しんだりした経験がほぼなくて。多分、妻もそうなんですよ。自分が子どもの頃にしてもらったことは、無意識で覚えていると思うんです。優しくしてもらったとか、ちゃんと考えて育ててもらったっていう無意識の記憶。それを意識的に掘り起こしながら、どうやって2人の娘と向き合っていこうかな、といつも考えています。

丹羽　「産みの親」のことについての伝え方とかは考えている?

下里　「産みの親」についての伝え方って、環の会のなかでは特に決まっていないんです。僕らもお母さんと会うのは、子どもを引き渡していただくときとか、裁判所に一緒に行くときくらいしかない。そのときに僕たち夫婦が感じた、「お母さんってこういう人だったよ」とか、「きっとこういうふうに考えていると思うよ」というように伝えていくつもりです。親のことを知りたい気持ちは、やっぱり子どものなかで大きくあるので。小さいうちから出自についてきちんと伝えるということが、子どもにとっては、自分自身を形成していくなかで大事なんだろうと思っています。

御代田　ちなみに、下里さんって尊敬するような部分と、なんというか、世俗的な部分とがあるなと以前から思っていまして。

丹羽　世俗的。すごく柔らかい言い方。さすがの言葉の選択。

片岡　メモっとかないと(笑)。

水流　本当はただの酔っぱらいだよね、下里さん。それもダメなほうの酔っぱらい(笑)。

御代田　下里さんが福祉を仕事にして、理事長までしているっていうことが、実はあまりピンとこないっていうか。原稿のテーマが1人だけ家族のことが中心ということもあって、下里さんが福祉の理事長をしているのはどういう思いがあるんだろうって気になっていたんです。

下里 なぜ理事長をしているのかってこと？

丹羽 なぜ障害福祉をやっているのかっていうことじゃない？

下里 やっぱり人のために何かしたいっていうところは、多分、あったと思うんですよ。理由が安易っていったらそのとおりなんですけれど……。自分はどちらかというと自分の気持ちを他人に伝えることが得意じゃないし、苦手なことが人より多いと感じてて。それは障害のある方と変わらないなと思っていて、僕なりにできることがあるかなというのが、きっかけだった気がしますね。

片岡 下里の兄貴って、僕らみたいに肩に力が入った感じじゃなく、ごく当たり前の日常の感覚で、ナチュラルに理事長職なり、この仕事なりしているじゃない？ 俺は逆にそこが尊敬できるの。すごいなって。特別養子縁組の話も、「こんなことを聞いておもしろいの？」とか、よく言うわけ。

岡部 特別養子縁組を選択したのは、福祉の仕事を選んだこととつながるの？

下里 そこはあんまりつながってないかもしれないです。ただ、障害のある子を迎えるかもしれないという話になったときに、普段かかわっていなかったら、「えっ？」となると思うんですけど、知っているから、大丈夫だよねっていう。

岡部 下里さんはいろんなことをやっているでしょう？ キャンプが趣味だったり、鉄砲を撃ってみたり、車をいじったり、酒にこだわりがあったりとかさ。その趣味の範囲がすごい。それを行動に移すじゃん。

片岡 全然、力が入ってないですよね。

丹羽 だから、下ちゃんは自分は大したこと

ないって思っているけど、多分、周りが話を聞いて話を掘り下げていくうちに、「そうなの？」とがぜん興味がわいてきて、「もうちょっと教えてよ！」っていう部分が出てくる。

岡部　だからこそ特別養子縁組にもそこまでハードルを高くせずに、決めていけるんだろうけどさ。

御代田　少し話が変わりますが、皆さんと違って、僕や若い世代の多くは、共生社会の原体験みたいなものが、ぶっちゃけ、ないんですよ。僕の場合、中学受験をして東京の中高一貫校に入ってからは、障害のある人が生活のなかに全く登場しなくて。僕は極端な例かもしれないけれど、同じ感覚の同世代って多い気もするんです。そういう僕らが、福祉の仕事を続けていくときに、この人の感覚や生き方なら参考にできるかな、というのが、それこそ下里さんです。

片岡　なるほど、御代田君からはそう見えるのか。

下里　さっき話したように、自分のなかの苦手な部分とか、もどかしさを自分自身に問いかけていくと、障害のある人、高齢者、子どもとのかかわりのなかで、答えが返ってくる。それがやっぱり福祉の一番大事なところだと思っていて、それはみんな誰しももっている感性だと思うんですよね。

片岡　入口がすごく広いのね。いろんなところに興味をもつもんね。

御代田　そういう意味では、いろいろなものに興味があって、One of themとして障害福祉にもとても自然体で、力みがないっていうのがありますよね。

共生社会の原体験

御代田　次に、丹羽さんに伺いたいのですが、丹羽さんは幼少期の思い出が原点にあると書いていましたけど、「記憶」というテーマ設定だといかがですか？

丹羽　第2章にも書いた筋ジス（筋ジストロフィー）の弟分の話も記憶にあるのだけれど、3歳ぐらいから中学2年生まで育った千葉県の浦安市の影響が大きいかも。40年前ぐらいに埋め立てられてできたベッドタウンで、いろいろな人がいろいろな地域からそこの団地に移り住んでいました。記憶って聞いて今、思い出したのは、僕より3、4つ下の自閉症のダイちゃんのこと。自傷行為もあったし、上級生の教室にもいきなり入ってきて、教室にある本などをパラパラめくる。「ダイちゃん、ダメだよ」って介助の先生が追っかけてくる。毎日、どこかの教室でバン、バンってドアの音がしてた。

でも、そのダイちゃんも、多分いじめられていたことはなくて、普通にありのままのダイちゃんだった。ダイちゃんも筋ジスの弟分もだけど、お母さんが頑張って、通常学級（普通級）に入っていて、そんな風景が当たり前だった。その後、おやじが千葉の佐倉市に夢のマイホームを買って、転校した中学校でヤンキーデビューをするわけですが（笑）。

片岡　金八先生の影響じゃない？

丹羽　いや、転校生としてチヤホヤされるんじゃないかと期待していたら、転校初日に自己紹介が終わって休み時間になると、ガラガラっとヤンキーたちが、「おいっ」っていきなり来て、「お前どっから来たんだよ？」と詰め寄られて。自分もそこで生き残るためにもう必死だったから、何とかそこに入っていこうという状況だった。そのナオキっていう筋ジスの弟分が、その後、同じ地域にマイホームを買って引っ越してくるんだよね。その頃にうちが住んでいる分譲住宅地に小学校が新設されたから、うちの妹とナオキは同級生だったので、その学校の第1期生として入って。いろいろなところからマイホームを買って移ってきた人たちばかりだから、それが当たり前っていう状況ができていたんだけど、一方で、自分はヤンキーの世界に足を踏み入れていたという（笑）。

片岡　いたというって（笑）。

丹羽　ナオキとは小学校のときからずっと一緒で、小学校ってきょうだい学級という学年を越えた交流があるんだよね。ナオキが1年生、自分が6年生で遠足に行ったときも、まだ歩けたんで、手を引いていったりとか。帰ってからも、妹が同級生だし、家族ぐるみで仲がいいから、遊んだり旅行に行ったりなんていうことをしていました。別にそれは当たり前だったんだけど、中学3年生ぐらいのときに、何となくこういう子って世の中にこの子（ナオキ）だけじゃないよなって思い始めた。このナオキの手伝いができるようなことを仕事としてできたらいいなと漠然と考えて、でも、医者になろうとは思わなかった。それは多分、頭がそこには追いつかないだろうなと思っていたから（笑）。

片岡　でも、「世の中にこの子だけじゃない」とヤンキーの中3の時点で想像できるのは賢いですよね。俺が中3じゃ、絶対そんなことは想像できなかったですからね。

岡部　25歳のときだよ、僕なんかは。

丹羽　でもなぜかその彼が通う筋ジス専門の病院には怖くて行けなかった。

御代田　そうですよね。僕は救護施設で働いていたのですが、「世の中にこの人だけじゃない」っていうことをすごく頭でっかちにしか、想像しきれない部分はあります。丹羽さんのようにめちゃくちゃ知っている1人を起点にして想像するほうが、多分、よほど近道なんでしょうね。

丹羽　そうか、自分のなかの感覚はそれが当たり前だったから、それこそ、下里君と同じでよくわからない。

岡部　僕たちは世代がいくらか離れているけれど、「将来」っていうのを描きづらかった世代でもあるような気がするな。将来のことをそんなに真剣に考えることなく、学生生活を送っていたね。

水流　僕はラグビーばっかり。

片岡　僕がたまたま理学療法士の専門学校に行ったのも、高校のときにめちゃくちゃ成績が悪くて、「お前が就職できる会社はない」って言われたことからです。それであえて、僕になれない職業を先生に挙げてもらったときに、弁護士だの税理士だののなかで、一番下に理学療法士があって。「これなら評定平均3・6で推薦する」って言うから、「じゃあやるわ」とそれから必死に勉強して。僕ともう1人の2人だけが受かったんです。だけど一緒に受かったやつは中退したんです。僕は途中で弟の事故があったんで、生き残ったという。

丹羽　そうか。事故のおかげで落第しないで。

片岡　当時は留年していて、辞めようと思っていたんですけどね。だから丹羽の兄貴みたいなエピソードなんかないよ。「よし来い、見返してやる」みたいな、単純な動機からで。

餅は餅屋に任せよう

丹羽 次は岡部さんですかね。

岡部 僕は今言ったように、まじめに将来を考えながら生きてきていないので、そんなかっこいいドキュメンタリー、ドラマは全然なくて。

片岡 珍しく話のリズムが悪いですね（笑）。

下里 やっぱり焼酎がないとダメか。

丹羽 もともと消防士になりたかったって、この間言っていたじゃない？

岡部 そうそう。もともとレスキュー隊員になりたいと思っていて採用試験を受けたけれど、その年に落ちちゃったので、1年間腰かけで仕事をすればいいと思って今の法人に入ったら、仕事がおもしろくなってしまったのがきっかけです。

丹羽 福祉の仕事をしなきゃという使命感とか、気負いはなかったってことだよね。

岡部 ほんと障害のことなどちゃんと理解してなくて、ちょっと勉強ができない人というくらいのイメージしかなくて。特別支援学級のこと、昔は特殊学級って呼んでいたでしょう？ その子たちのことを「特殊」って、周りの友達とからかっていたこともあった。

丹羽 そうだ。当時は、特殊学級って呼ばれてた。

岡部 でも、その子たちが小学校卒業したぐらいからパッと自分の近くから見えなくなるんだよ。どこへ行ったんだろう？と思ったことがあったけど、そのうち気にもしなくなって。就職して今の清心会に入って、初めて施設の見学に行ったときに、見たことある顔が4、5人ほどいた。それが同級生だと気づいて、「昔はからかってごめんなさい」っていう反省から仕事が始まりました。

下里 施設で10年ぶりに再会したんですね。今度は職員と利用者として。

岡部 すごく衝撃的だったんだよ。障害のある人ってみんなこういうところに入るんだと。知的障害のこともちゃんと知らなかった。だから、施設での暮らしに対する違和感ももたずに、そんなもんなんだ、と感じるぐらいだったのよ。

御代田 最初は岡部さんもそんな感じだったんですね。

岡部　そうそう。「変えなきゃ」とかって気持ちもなかった。最近は「共生社会」という言葉をよく聞くけど、向こう三軒両隣、袖振り合うも多生の縁とかってあるでしょう？　結局それなんだよね、共生社会って。だから秩父の町の空気を吸って育ったことは、福祉を続けることの根っこになっていると思っていて。

片岡　秩父の岡部の兄貴のところに行ったら、「向こう三軒も当たり前のように大切にしていたら、この仕事やっていました」、みたいなのがありありと伝わってきますよね。

丹羽　向こう三軒どころじゃないよね。祭りだったら、もう何人が集まるというレベルじゃない。

片岡　地域や秩父っていう町を大切にしていたら、俺はこのポジションに就いていました、みたいな。

岡部　そんな感じ。物事が解決しないときって、ちょっとしたボタンのかけ違いだったりするじゃない？　だからそのときに、うまくつなぎなおすというのが俺の役目。俺は解決できないから。でも、解決できる仲間さえいればいい。「餅は餅屋に任せよう」ってこと、それなら得意かもしれないね。

下里　共生、共生って無理に一緒にいようとするのではなくて、秩父のなかでは当たり前に、障害のある人もない人も一緒にいれば、もう共生できてるじゃんということを、丹羽さんと話したことがあるんだけど。

岡部　地域での人付き合いという部分では、お葬式とか通夜とか、どうしようかなと悩むところは行こうと決めてる。

片岡　冠婚葬祭、めちゃくちゃ行くっていうことですよね。

岡部　多いときは、冠婚葬祭で年間40万円近くとか使ったかな。でも、いろいろなつながりのなかで、線香1本あげに行こうかなと心が動くこと。それは結構大事かなと思ってて。

丹羽　今の岡部さんを見ていて、自分も地元で育って生きていたら、同じようにできるかなと考えるんだけど、やっぱりできねぇよなって思うんだよね。

岡部　自分の家は人が寄りつく家なんだよね。自然と人が集まる。太一君が来たとき、2次会をうちでやったじゃない？

御代田　はい。ウイスキーのディスペンサーがあって、みんなでハイボールを飲みました（笑）。

岡部　だから、「人を受け入れる」っていう土壌は、うちのおふくろにもものすごくあるので、自分にとってはそれが普通ですね。祭りでは来客が60人、70人ってレベルですから。

片岡　祭りは1年で300回を超えているんでしょう？

岡部　年間、330回とか。

下里　はぼ毎日。

岡部　春はヤマザキ春のパン祭りから始まって（笑）。

片岡　何でしたっけ。死人の祭り？

岡部　ジャランポン祭りっていって、死んだことにした人を棺おけに入れて葬式ごっこみたいなことをして。

下里　それはすごいな。

子どもたちに、匂いや風景を刻む

御代田　最後は、水流さんですね。水流さんも保育園で子どもたちと過ごしているわけですが、ご自身の記憶はどんな感じですか？

水流　皆さんのお話を聞いていて、一つ確実に思うのは、自分はここのなかでは1人だけ世襲ってこと。今月（令和4年2月）他界したんですが、おやじはゆうかり学園の園長センセイだったんですよ。当時は宿直にも入っていて。うちの施設の中に、自分の家があったので、そこから仕事に行くのだけれど、食堂で利用者が集まっているなか、1人だけビール飲んでいるの（笑）。

丹羽　宿直なのに（笑）。

水流　園長センセイのときだけビールが置いてあったんだって。

御代田　今じゃ考えられないですね（笑）。

水流　そういう時代だった（笑）。でも自分が信楽から帰ってきて、宿直で夜な夜な飲んで職員からその話を聞いたときに、「別にいいんじゃない？」とも思って。跡継ぎとして帰ってきた3代目の自分に、ほかの職員としては、何を考えているのかを探りたかったかもしれないけれど、飲みながらベラベラしゃべって、共鳴してくれる人もいれば、反発する人もいるという時間を重ねて。今度は宿直する日は、男性2名、女性2名になるから、今度は誰と組むんだろうと楽しみに迎える、みたいな。

片岡　それは毎回宿直が楽しみにもなるわ（笑）。

水流　実を言うと、当時は障害の程度の軽い方が多かったので、いわゆる無届外出でその間いなくなっちゃう人がいたりはするけど、基本的に今ほど介護の支援の手が必要じゃなかった。時間がくれば、「あっ、そうだ！行ってこなきゃ」と見回りをするという、当時の入所施設は「古き良き時代」でした（笑）。

御代田　個人的には、羨ましく思っちゃいますね。

水流　幼少期のことでいうと、施設の中にイモ畑があって、11月のオンシーズンになると、ほかの幼稚園、保育園の子たちが、バスでイモ掘り遠足に来るんですよね。そのとき、自分はまだ幼稚園に行く前だったんですが、自分が住んでいる施設の中に子どもたちがどやどやと入ってくるとき、なぜか自分は隠れていたんですよ。なんで隠れていたんだろうと、今もわからないけれど。当時の源彦少年の心のなかには、「自分がここにいることが恥ずかしい」って思いもあったのかな……。

片岡　その話はすごいね。

水流　利用者と一緒にいる姿を見られたくない気持ちがあったのかもしれない。でも、訪問者が帰った後は、いつもどおり、彼らに遊んでもらって。彼らっていうのは、知的障害のお兄ちゃん、お姉ちゃんたち。自転車の補助輪を取るときも彼らが協力してくれて。「押すよ、押すよ」「離さないで、離さないで」っていうアレですね。彼らみんなが僕をチヤホヤしてくれて、今でも源彦ちゃんって呼ばれてる。一応、理事長ですけどって（笑）。

丹羽　世襲ならではですね（笑）。

水流　あと、いつも怖い目で僕を見てくる人がいて。おそらく、自閉症の傾向のある方だったのだと思う。当時は、本当にただの怖いおじさんだったけれど、同じ輪の中にいることで自然に横にいられる。そんな自分の原風景、原体験から、共生社会を目指すうえでは、保育園がカギかなと思い至りました。とても短絡的なんだけど、そういう小さい頃に刻まれた、ちょっとした記憶、もしくは匂い・風景から、将来ふっと何かにつながる部分があるといいですよね。それで将来、障害のことを知ったときに、「そういえば、重症心身障害の○○ちゃんがいたな」とか「ADHDの子がいたな」と思ってくれれば、その先にはちょっと明るい未来があるんじゃないかと思います。

御代田　水流さんは今、そんなご自身の記憶を原点に、障害のある子もない子も一緒に過ごせる保育園を運営されていますけど、職員の皆さんも心は同じ、という感じですか？

水流　手前味噌ですが、保育士メンバーは特別な研修を受けているわけではないけれど、自然な形で、ある意味、子どもは子どもなんだからという視点で携わってくれています。さすがに喀痰《かくたん》吸引《きゅういん》の研修受講を職員にお願いしたときは、「そこまでやるんですか？」という雰囲気になったけれど、最終的にはみんな嫌な顔せずに受講してくれて。実際にやる場面は少ないのですが、いざやるときにはガチガチに緊張している。でも、その様子を子どもたちが取り囲んで、彼らはいつも看護師がやってる様子を見ているから、「これ忘れてるよ」とか「この器具いるんでしょう？」と言ってサポートしてくれるんですよ。

丹羽　すごいな。

水流　だから、大人は慌てふためくけど、子どもたちにはクラスのお友だちが痰を吸引される様子は普段のこととしてもう当たり前に映っているんだろうなって。

丹羽　子どもたちは、いろいろな違いもすぐに吸収していくんだなぁ。

仕事と暮らしと地域と施設と

下里　僕ちょっと、話の流れを変えてしまうかもしれないですけど、地域で顔の見える関係を築くって、福祉だけではなかなか難しいと感じています。特にその地域に住んでいないと、そういう話をする人もきっかけもなかったりするので。

水流　うちのおやじはＰＴＡ会長をやっていたんだけど、「ＰＴＡ会長、みんなやったらいい」って、うちの現場スタッフによく言っていたんだよね。「君たち、宿直夜勤明けで休みがあるんだから、昼間、時間がある日は学校のＰＴＡとかどんどんやりなさい」って。何人かは本当にやっていて、そう言っていたおやじを、今となっては尊敬しています。

丹羽　実は俺もＰＴＡ会長やりたいと思っていたら、妻と娘に「目立たないで！」って、全力で止められた（笑）。でも、絶対やったほうがいいですよ。

水流　学校に自分の親が来るって、自分はなんだか誇らしかったもの。やっぱり子どもたちもそう思ってくれるんだろうけどね。

御代田　職場と地域という話でいえば、僕が救護施設に勤めていたとき、住んでいたアパートと職場が車で40分ほど離れていたんです。施設の近くに住んだ経験が全くないので、施設を取り巻く地域というものに、全然リアリティーがなくて。利用者がよく行くコンビニはあそこにあるなというくらいで。でも、仕事はおもしろいし別にいいやと思っていたんです。

下里　グローの事業所は滋賀県中にあるしね。

御代田　そうなんです。自分のアパートの近くにある精神科病院のデイケアに、ちょくちょく利用者さんがタクシーで通ってきていて。それは知っていたんですけど、まさか同じ町で会うことはないだろうと高をくくっていたら、向こうから施設の利用者さんが歩いてきて、すごくびっくりしちゃったんです。そこで、自分がプライベートのテリトリーと職場のテリトリーとを無意識にきっぱり分けていたことに気づかされて。だから、リアリティーをもって地域をよくするということを、僕はまだ全然語れないんですけど、語れるようになるには、もう一歩踏み越えないといけないんだろうと感じます。でも、僕の同世代は分けたがる人も多いというか……。

岡部　今はそうだね。オン・オフははっきりさせたい感じがすごくあるよね。

片岡　だけど、糸賀先生のように「四六時中勤務」ってわけにはいかないでしょう（笑）。そこの境目一切ないんじゃ、僕もきついですね、正直。

丹羽　僕もプライベートと仕事は分けたいと思っていたけれど、だんだん仕事の仲間と飲んだりすることが増えてきて、仕事を通じていろんな人と出会ってそういうコミュニティが徐々にできたというのは、後からついてきたのかもしれない。

水流　地元で新聞社に勤めている高校の同級生と役所とかですれ違うと「忙しい？」って聞かれるのね。どう答えていいのか戸惑う自分がいて。僕らは多分、まあまあ忙しいのだけど、土日も含め仕事とプライベートの狭間が見えなくなっていて、自分はそれもOKと思っているから、「いや、別に」っていつも返してしまう（笑）。

片岡　俺は、わりと時間については仕事もプライベートもごっちゃにできるタイプなんですよね。ただ、例えば、じゃあうちの利用者さんと毎日晩ご飯を一緒に食べましょうとか、心配だから俺の家のベッドで寝かせましょうとか、空間をごっちゃにできる精神はもち合わせていないと自覚しているんですよね。

水流　自分も全く同じで、うちの利用者さんと自分の家族で一緒にどこかに出かけるというのは、できないね。でも、うちの職員の皆さんは、昔はまだ盆正月に帰れる人が多かったから、残っちゃう人が少なくて、利用者さんたちが不憫だといって、自主的にそれぞれ残っているメンバーを割り振って、正月を皆さんの自宅で一緒に過ごしてくれていました。そこの子どもたちが、利用者さんたちと仲良くなって、という意味での原風景、原体験がどんどん広がっていったっていうよさがあった。でも、自分の子どもは経験できなかったのが悔いというか、難しかったという思いがあります。

岡部　入所施設では、残る人が４、５人ほどになると、そういうことをやっていたよね。

御代田　南高愛隣会が昔、入職後の半年間は施設で暮らすという研修をしていたことを聞いて、今じゃ難しいでしょうけれど、僕的にはちょっと羨ましかったりするんですよね。勤務が終わった瞬間に、早く帰れ帰れって言われるのは、働きやすいけれども、一方で越えられない壁とか、想像しきれない部分がやっぱり残っちゃうなと感じていて。

岡部　若手職員の、オン・オフを分けるという意識はもちろん大事だけれど、僕らがレスパイトを始めた頃なんて、もうめちゃくちゃだったもん。それこそ労働法規もへったくれもあったもんじゃなくて、四六時中勤務だから。必ず週末は、ピンポンって誰かが自宅に訪ねてきて（笑）。

丹羽　障害のある人だけじゃなくて、自分の家に誰かが訪ねてくること自体、もうあまりなくなったよね。自分の子ども時代は、友達の家に遊びに行くことがあったけれど、今は両親とも働いていたりする家庭が多いから。

岡部　子どもの友達が来るっていうこと自体、少なくなってきた。

丹羽　遊ぶ約束をしないとその日に遊べないから、昔は学校が終わってランドセルを置いたら、みんなでどこかに集まって野球をやったり、サッカーボールを蹴ったり、そういう風景も今、なくなっているからね。

岡部　確かにね。

丹羽　そういう意味で、今は、人が意識しなければなかなかつながれないという状態にあるのかもしれない。でも、居酒屋なんかでは、よくつながるじゃん。

岡部　居酒屋の旅行とかに参加したことない？　居酒屋が主催する旅行。

丹羽　居酒屋主催の釣りツアーには行きましたね。

岡部　そうそう、そんなの。ひたすら飲むっていうか、普段ふれあわない人たちと旅行にいくじゃない？

水流　常連さんたちが？

岡部　バスを1台借りて1泊2日のぐずぐずの旅行で、それこそ全然違う世界。そういうコミュニティっていうのが、結構大事だったりするんだよな。

丹羽　何かしらのしかけをしないとつながりをつくれないというのは、自分としても、今、やらなきゃいけないものがあるとは自覚している。

心の消化と排泄

御代田　次のテーマは「心の消化と排泄」です。これは精神科医の北山修さんが最初に言われた言葉で、それを北岡さんが障害福祉の分野でとらえなおしたようです。支援者に必要なのは知識とスキルだと語られることが多いですけど、常に研修とかテキストなどの文脈では、心の問題が置き去りになっていて。働いていると、大きなミッションとか目的意識は頭ではもちろんわかっているけれど、福祉の仕事をしていたら、何だかどうにも退屈だとか、暗い気持ちになってくる瞬間って、多分あると思うんです。そこをどう乗り越えるというか、かわしていくかといったことをお聞きしたいなと、ずっと思っていました。

片岡　心の消化と排泄、ねえ。

御代田　みなさんの原稿の中から引っかかるキーワードを拾ってみたときに、片岡さんの非公開の記録から、現場で支援者側の気持ちをどう切り替え促したのかとか、丹羽さんのプリプリ（武蔵野プリティープリンセス）の活動も月1でやるとやらないとでは、普段の仕事に対する自分の心持ちも違うだろうなと、思ったりしました。そのあたりの、しんどくなることと、それを消化しながら排泄していくというテーマで、自由にお聞きできたらうれしいです。では、丹羽さんからお願いします。

丹羽　自分には大事なものが2つあって。一つはプリプリの活動。昔は、現場で自閉症の利用者さんを支援してできた傷が増えれば増えるほど、自分は頑張っているという気持ちになっていたけど、そのうち「支援に入らなくてはいけない使命感」に変わり、それが今度は憂鬱《ゆううつ》になるっていう気持ちに変化して。TEACCHプログラムや構造化とか、いろんな技術が出てくるとうまくやれている気になったけれど、今度は利用者さんをコントロールしているような感覚にも陥って……。その後、相談支援の仕事に変わっても、支援する側と支援される側の関係がどうしても乗り越えられず悶々としていたときに、たまたま法人に入ってきた工藤という職員と出会うわけ。

彼は、日本の女子ソフトボールがオリンピックで金メダルを取ったときの通訳で、結構有名人。自然とソフトボールをやってみようということになり、あれよあれよという間に選手も増えて、検察庁の護送車の運転手のお兄ちゃんや、工場の人、学校の先生、うちの職員、大学生とかがコーチになって集まって始めたら小さな社会ができた。みんなただのソフトボール好きな仲間。だから名前を呼び捨てにするし、それこそ膝カックンしたりできる関係性。利用者と職員ではない、ソフトボールという共通の楽しみを、まじめに、みんなで和気あいあいと、途中にお菓子を食べたりしながら時間を共有するっていうのが、自分のなかでは心を真ん中に戻してくれる場所だなと感じています。

もう一つは仲間の存在。理事長という立場になってみて、相談をされたり、愚痴を言われたり、悩みを聞いたり、わりと負の感情をぶつけられることが多いけれど、自分がそれをぶつけられる先って実はそんなにない。そう思うときに、やっぱりここにいる4人をはじめとする仲間たちに電話をすれば話を聞いてくれる。片岡君は俺が相談しようとしているのに一方的にしゃべるけど（笑）。同じ仕事をしているし、同年代だし、立場も似ているので、同じような孤独感や悩みを共有できる、それで心の消化と排泄ができていると思います。

水流　それは自分も同じだな。

丹羽　何年か前のアメニティーフォーラムのセッションで、北山修さんの「ネガティブ・ケイパビリティ」の話を聞く機会があって。すぐには答えの出ない、どうにも対処しようのない事態に耐える能力という説明だったんだけど、問題解決しない、できない課題もいつか解決できると。このネガティブ・ケイパビリティが僕らの仕事には必要だけど、抱え続けるのはしんどい。だから誰かが傍にいてくれないと抱えきれないなっていうふうに思っているの

が今の感じです。

下里　僕は2016（平成28）年から始まった共生社会フォーラム（厚生労働省の共生社会等に関する基本理念等普及啓発事業）があったことで、強くつながったという気はしています。

岡部　今までいろいろな研修とかフォーラムにかかわってきたけれど、「共生社会フォーラム」が自分の人生観を変えたというか、この仕事をもっと頑張ろうって思えた大きなきっかけになりました。僕はとにかく、言葉がこんなにいっぱいあふれていることを知ったのが大きかった。

片岡　最初は何のフォーラムかも聞かされずに、僕は参加していましたけど（笑）。

岡部　今は共生社会フォーラムのような研修も少なくなってきているじゃない？　答えなきものに向き合う、というか。これは絶対続けてほしいと思っている。

下里　僕は、糸賀思想も全然知らなくって。小学校の担任が、「この子らを世の光に」って言ってたな、というぐらいのうっすらとした記憶だけ。

岡部　それだけでも大したもんだよ。

下里　でも、この子らに**じ**ゃないという話はよく覚えてる。

丹羽　それはすごい。僕は、全国ネット（全国地域生活支援ネットワーク）にかかわり始めたとき、糸賀さんの「自覚者が責任者」という言葉を折に触れて聞くようになって、「なんじゃそりゃ。何かっこつけてんの？」と思いながら、当時はよくわからなかったけれど、今は自分が一番使ってる（笑）。

片岡　僕は、共生社会フォーラムで初めて出会った言葉でした。そういう意味では、この非公開の記録は、そんな崇高な目的意識から始めたものではなかった。当時、現場は疲弊していて、理不尽って思うようなことを利用者からされても、我慢しなきゃいけないような日々が続いていたので、「お前のほうが間違っているなんて誰も思ってないぞ」と職員を支えるつもりで、非公開の記録をつくったんです。ただありのままのことをパッと書くようなこともあれば、スタッフ・職員目線で書くこともあるような自由な形。見返すと少しの隙間が生まれることで、新しい、考えもしなかったような、消化と排泄の仕方のアイデアを生み出せないかという期待があったんですよ。今まで想像もしなかったような解決方法とか、落としどころみたいなものが生まれないかなと。実際に職員からは、「ちゃんと俺のこと、わかってくれているんですね」と言ってもらえたし、当初の目的は果たしたのだけど、本来は、同じ立ち位置で楽しみを共有することが裏テーマだったと感じていて。まさに消化と排泄のテーマどおりの試みだったという気がしています。わかってるよね、御代田君。

利用者のコントロールと現場の萎縮

水流　そういえば昨日の夜、「利用者のAさんの怒りが沸騰しています」と職員からメッセンジャーがきていて。「どうしたの?」と聞いたら、冷蔵庫に入っている本人のものを、他の利用者が取っちゃったらしいと。そんなことって言ったら怒られるけど、彼としてはもういっぱいいっぱいで。それに対する僕の考えは、こうです。誰が決めたわけでもないのに、ゆうかり学園のルールがあると。世間一般では何それ?と思われることもルール化してしまって、あれはダメ、これはダメって言っている。そのほうが職員は楽だから、自然とグループホームでも同じように続いてしまっている。自分の部屋に小さい冷蔵庫を買っておけばいいと利用者に伝えたら、「担当者からダメって言われた」と。担当者は「サービス等利用計画にも個別支援計画にも書いてないからやりません」という状況で、間に挟まった職員が助けを求めてきたよう。なので、そのもやもやしたものをもったまま1人で解決しようとせずに、本人も交えて職員みんなで、本人と一般常識との間で話をしていこうと提案してみました。まずはわれわれの、施設職員としての服を脱ごうよと。

岡部　うちでも、グループホームが勢いのあったときはどんどん先駆的なことをやろうというムードがあったけれど、停滞感が出てきて職員が疲弊してくると、どんどん押さえつけようとして、これじゃ入所施設と全然変わんないなと思いながら仕事をしたりすることは結構ありましたね。

あとね、秩父のなかでは私たちの法人が一番グループホームの運営数が多いのだけれど、地域中でグループホームを始めるNPO法人さんが出てきて。最近、就労継続支援B型の事業所がグループホームを始めたんだけれど。

片岡 まさにうちみたいなね。

岡部 見てるとすごい、ゆるゆるなんだよ。生活系の入所施設をもっていると、24時間軸でその人を管理したくなっちゃうんだよね。だけどね、小さい団体だと人も足りないだろうし、隙間の時間が多くて。

片岡 要するにほったらかし（笑）。

岡部 そう、ほったらかし。職員のシフト表を見たら、この時間帯はどうするの？というタイミングが結構あって。でも管理者のおばさんは、「いや、何もないことを祈るんです」って（笑）。なんだか一本取られたなって感じで。

片岡 祈りの時間。

岡部 「だったらここからここまでの移動はどうするんですか」と聞くと、「そんなことぐらい本人にやらせますよ」って。「事故があったらどうするんですか」と聞いたら、「ないことを祈るんですよ」って（笑）。でもね、それを聞いたときから今までの自分たちの考えを少し緩めていくというのはありだなと思い始めたんです。

片岡 制度内事業でどこまでやれるかということが、一つ越えなきゃいけないところなんですよね。

岡部 やっぱりね、制度にはめようとしたくなっちゃうんだよ、どうしても。昔、やたら無断外出をする人がいて、「夕方の6時までに帰ってこなきゃダメだよ」と伝えていたんだけど、全然直らない。ついに逆転の発想で、携帯を持たせて外出を許可してみたら、6時までには帰ってくるようになった。そこからぴたって止まったことがある。

丹羽 うちも1人で出歩いちゃう人がいたから、GPSをポケットに入れさせて。それでいなくなってGPSを追いかけていったら、上着が竹やぶのなかに捨ててあった。

片岡　ちゃんとわかってる（笑）。

丹羽　職員は必死に探す、みたいな。

御代田　皆さん、現場の一スタッフとして仕事をしていたときのエピソードがありましたけど、それこそ岡部さんは、そのあたりの物語って原稿には載っていないじゃないですか？　しんどくなったり、辞めたくなったり、急にがくんと落ち込んだことなどはないのですか。

岡部　僕は早く周りのみんなに追いつかなくちゃいけないという気持ちが強かった。3年ぐらい経ったときにちょうどレスパイトを始めたら、仕事が楽しくなって。あれは本当に水を得た魚のようだった。疲れたけどね。

下里　僕が辞めたかったのは、結構最初の頃。強度行動障害の人に、毎日殴られたり頭突きされたりして……。

岡部　今とは別の施設で働いていたとき？

下里　そう。当時は力で利用者を押さえつけられる職員が重宝されるような雰囲気で、「俺のまねをしろ！」みたいな空気があった。自閉症の支援についてまだよくわかっていない時代で、TEACCHプログラムが取り入れられて広まっていた頃だった。でもこれ、みんなできるの？みたいな話で。その後、環境が変わればいいのかと思ってユニットケアに行ったけれど、結局、ユニットケアになったからって本当に利用者の暮らしがよくなるわけでもなく、やっぱり支える側の気のもちようっていうか、取り組みや工夫や、こっち側の問題がすごく大きいと思いました。TEACCHを使えば、確かに一定時間落ち着いて過ごしてもらえたり、丹羽さんも言ったように、コントロールのようなことはできても、「本当にこの人は暮らしのなかでこれをやりたくてやっているのかな？」という疑問は残る。本人がもっと楽しく暮らすために考えてやっていかないと、僕らも楽しくないし。利用者と向き合いながら、自分が今どういうふうに感じているのか認識しながらやっていくことって、若いうちはすごく大事なんじゃないかなと思うんですよね。

縮こまった状況を打開するもの

御代田　僕も救護施設での3年間の勤務の経験が、自分のなかでとても大きいです。やっぱり、だんだんと退屈になってくるんです。というか、結構1年目くらいからしんどいなっていう気持ちはずっとあって。施設の中のルールの下でしか出会えないじゃないですか。だから、本当はいろいろな人がいて、多分、聞き始めたらすごい量の情報が実はそこには眠っているはずなんですけど、9時から18時という普段の支援のかかわりだと、全然見えてこなくて、徐々に興味も失っていくというか。

片岡　やることだけやっとけばいい、みたいな。

御代田　はい。ルーティンワークに埋もれると大変さだけが際立ってきて、またこのおじさんウンチ漏らしてる、みたいな発想になる。自分の興味すらも消えていってしまうのが、一番しんどくて。だから僕は利用者さんの聞き書きをしようと思ったんです。それは支援には必要ないぐらい、細かい部分も含めた生い立ちを聞くことで、「ああ、この人はおもしろい人なんだ」と知ることができた。自分の人生を生きてきた人たちがここにはいるんだということがやっと実感できるというか。それをせずには、きっと仕事は続かなかっただろうなという感覚もあります。

片岡　でも、それは御代田君の情報処理能力と時間の使い方、あるいはプライベートを犠牲にするような感覚があって成立するやんか。

御代田　そうですね。

水流　でも1人じゃ難しいから、誰かチームメイトがいたんでしょ?

御代田　いえ、最初は1人で始めて。でも徐々に仲間が増えました。

水流　写真家の大西暢夫さんの『ひとりひとりの人　僕が撮った精神科病棟』（精神看護出版、２００４年）では、写真を撮ればいいだけなのに、相手と話し込んでから撮影する。明るい遺影撮影会でも1枚の写真を撮るだけなのに、２、３時

間かけてパシャっと撮る、みたいな。でもそれって、撮られる側からすると、自分の人生のひだをしっかり見てもらえるという喜びがあるし、撮る側も相手の本当にいい表情の瞬間を切り取れるというのは、今の話に通じるものを感じる。

片岡　支援には必要のない細かい部分まで聞くのが、僕はポイントかなと思う。そこまで拾う興味とかモチベーションを、どうもつかということですよね。

丹羽　僕は、相談支援の仕事をしていて原稿にも書いた自死した方の担当者だったとき、昼も夜も電話がかかってくるんだよね。寝ている間もかかってくる。携帯恐怖症になって、いつ鳴るんだろう、いつ鳴るんだろうってなって。そういう人を何人か同時に抱えていたので、また怒って電話がかかってくるんじゃないか、泣いて電話がかかってくるんじゃないかって、ずっとびくびくしていたんだけど。それをベテランの臨床心理の先生に相談したとき、「ずっとびくびくして待っているんだったら、自分からかけたらどう？」と一言いわれて、ハッと気がついた。やっぱり、待ちの姿勢になっていると、ルーティンや受け身で仕事をすることになって、どうしても行き詰まって脱出できなくなる。聞き書きも同じだと思うんだよね。自分からアクションを起こすとか、自分から動くっていうことで打開されることがあるのかなって、今の話を聞いて自分も思いました。

水流　この前うちの入所のスタッフが、「視覚障害と知的障害の重複障害のある方とスポーツバッグを一緒に買いに行っていいですか？」と聞いてきて。彼の好きなスポーツバッグを買うのに、やっぱり実際に本人にも見てもらいたいって。見てもらうっていっても、見えないじゃんと突っ込みたくもなるけど、結局一緒に買いに行って、その場で選んできましたと聞いたとき、いいセンス（感性）でうれしいな、ありがたいなって思いました。そういうところに、思いをはせることができるかどうかは大きい。

岡部　うちも入所からグループホームへという動きをずっとやってきたけれど、やっぱり入所に残る人もいるわけですよ。その人たちの支援をどうにかしたいと頑張ってくれる職員もいるのだけれど、ずっと見届けていないとだんだん機運が下がってくるじゃない？　だから、職員のモチベーションを定期的にモニタリングするってすごく大事だなって。

水流　そういうスタッフ同士が、アメニティーフォーラムや海外でつながっていける場面をつくることも、われわれの仕事の一つなのかなと思っています。信楽青年寮の入職1年目に、誕生日の利用者を祇園祭に連れていきたいって企画したら、一緒に行ってもはぐれるからという理由でＯＫはでなかった。でも思い返せば、ダメと言われたのは4年間でその一度だけで、それ以外は全部させてもらいました。ダメって言わない上司を目指したいと思えるのは、やっぱり自分の現場での経験が生きているから。よい職場環境って、そうしてつくらなきゃいけないと思います。

岡部　辞めたいと思わずここまで続けてこられているのって、まさにそこだと思っています。突拍子もないことも反対されずやらせてもらえたっていうのがある。でもね、今思い出したのだけど、入所の職員になって3、4年ぐらいのときにすごく嫌だったのが、施設を囲んでいた塀。塀っていうより鉄格子みたいでした。そこにしがみつく利用者さんの姿が、本当に檻の中にいるようで、すごく嫌で。一時はそれを越える利用者がいるから と、さらにもう一段つくったんだよね。で、高さが2メートルぐらいになって、登った利用者がひっくり返って骨折する、みたいな。

御代田　でも、施設のそういう発想って、なんとなくわかる気もします。

岡部　僕は、どうにかこれを取り除こうと、入職3年目ぐらいから一貫して言い続けたんです。「絶対に塀だけは取り除いてください。スクラップ業者に売っちゃいましょう、こんなものは鉄くずだ」って。それが取り除かれたときに、ちょっとした達成感がわきました。少しずつ言い続けていけば、実現できると知った。その後からですね、レスパイトをやらせてもらえることになって、意気軒昂と励みました。はじめは築50年の汲み取り式便所付きの市営住宅でやろうとしていて。でもこれじゃ利用者が来ないからイヤだとごねて、当時２０００万円ぐらいの、きれいな事務所を買ってもらいました。

丹羽　うちもそうだし、清心会でもやりたいと言えばやらせてもらえる雰囲気がありましたよね。元理事長の佐藤進さんもそうで、誰かがやりたいと言えば、「おお、やれやれ」って。うちでも有償運送を始めるとき、制度がうまく定まらなくて、タクシーの二種を取らなきゃいけないことになりました。でも多分ね、本当はそうじゃなかったんだと思うんですよ。

岡部　東松山の昴の丹羽さんっていう人は二種免許取ったぞ、みたいに噂になりました（笑）。

丹羽　タクシー営業の許可をもらうのに、申請の代行をやってくれる業者はありそうだけど、それがあるってことも知らないし、誰も教えてくれないから、全部自分で旅客運送の書類をつくって。

岡部　あれ、けっこう大変だよね。

丹羽　陸運局に何度も通って、何度もダメ出しされながら書類つくって。できあがって、ようやく免許も取れて、メーターをつけたタクシー用車両を調達して。タクシーの運転手だからって白い手袋をつけて、運転して。でも結局、最後までお客さんだったのは佐藤進さんのお母さんだけ。これがオチなんだけど（笑）。

岡部　今は、あの頃に比べていろいろ整ってきてるから、何をやりたいのかが明確にわかんなくなってきちゃったからね……。

下里　何もないときは工夫してやれたけど、今は制度内で全部収めようってスタンスになってきた気がする。

岡部　サービスの質で考えれば、今の支援者たちのほうがよっぽどいいことを実践しているのかもしれないけど。

職員が辞めるときに思うこと

丹羽　ちょっと違う切り口で話を振っていいかな？　下里さんに質問。職員がどんどん辞めちゃう時期があったでしょう？

下里　ええ、今は落ち着いているけど。でも年末に若い職員が辞めちゃって……。

丹羽　で、そのときに北岡さんから「絶対自分が悪いって思うなよ」とアドバイスを受けていたでしょ？　そのあたりの話をもうちょっと聞きたいなと。

下里　雇う側としては、「自分たちに何か落ち度があったのではないか」「仕組みとして何か足りなかったのではないか」と思ったりもするんだけど。でも、そもそも福祉の仕事に本当に来たくて来る人ってどれぐらいいるかもわからないことも含め、職員が楽しく働けるよう、この仕事の魅力をもっと伝えていければいいですよね。

まあ、若い子たちが仕事を始めて、楽しさがわかるところまで行き着くのには、すごく時間がかかるし、自己肯定感が低かったり、自信の無さって、誰もがあるものだと思うから。新しく入ってくる職員にもね、「いつまで一緒に仕事できるかな？」なんて、内心考えながら採用するんですよ。「絶対にうまくいく」という方策はないって思いながらも、いてくれる間は大事にして、一緒にやっていこうっていう。

丹羽　片岡君のところはイケイケどんどんかもしれないけどさ、それでもわれわれは職員が辞めるっていうのは、結構苦しいんだよね。

片岡　ね。しんどいですよね。

丹羽　そんなときに「お前は悪くないよ」って言ってくれる人が傍にいるっていうのが、自分たちにとってすごく心強いっていうか。

片岡　そりゃあ何百人も抱えていたらそうなるかも。うちは数十人規模だから、飯食いに行けるんですよ。自分さえ時間が取れれば、一緒に飯を食おうとか飲みに行こうとか、休みの日に一緒に畑に行こうと誘えます。そんな機会に、本音をちょっと探るような話ができたり、お前そんなことで悩んでいるのか、みたいな話もできたりする。でも、そういうフォローアップの時間って、組織図がいくらあっても無理でしょ？　副代表がいて、管理者がいて、責任者がいてって、いくらきれいに整理できても、責任者にその役割をお願いするわけにいかないし。

岡部　昴って、就職してその後独立する人が結構いるじゃない？　いずれ辞めていく人にどこまで期待値をかけるかというのが自分には難しくて。そこを受け入れている昴の風土ってすごいなって思う。自分の器の小ささを感じるんです。1年目の職員が辞めちゃうのはあきらめもつくんだけど、5年目ぐらいの「次は頼むよ、君たち！」って世代に辞められちゃうと、仕方ないんだろうけど、がくがくっとくるじゃない。そんな葛藤はいろいろある。

丹羽　それはサトウイズムで、法人で育てて地域に渡していけば、同じ気持ちをもった人たちが広がっていくという考え。だけども最近は本当に苦しくて、「やっぱり行かないで～（涙）」っていうのが本音（笑）。

御代田　グローは、僕を含めて滋賀県外から来る新卒者も多いんですけど、アパートを借りて、一人暮らしをして職場（施設）に通うってなると、飲み会が好きな人はいいですけれど、そうじゃない人は沿線からちょっと離れたところにアパートを借りちゃったりすると、もうアパートと施設の往復だけになって、ほぼ入所施設の利用者と同じルーティンになっちゃうんですよ。

岡部　何の刺激もない毎日でね。

御代田　だからいい仕事もできなくなるし、仕事が退屈になってくる。自分自身、この3年間で、東京にしょっちゅう帰る機会をつくっているのは、自分の心の安定のためでもあって、東京から戻った次の日は、なんとなくすっきりとした気持ちで仕事に行けるんです。

片岡　リフレッシュしてね。

御代田　はい。でもその日の午後ぐらいになると、だんだん施設の人間になってくるっていう感じもあって。やっぱり働く人も含め、みんなの生活全体がいい感じにならなければいけないと思いますね。

下里　働く人が自分の生き方をおもしろがってやっていかないと、いい現場ってつくれない。人に何かやってあげようというエネルギーだけだと、多分それはおもしろくならないんですよ。人には熱量がある時期、落ち込む時期との浮き沈みがあって、それをみんなが順ぐり順ぐりに楽しい気分を高めていくと、現場もおもしろくなってくるだろうし。そのためには、楽しくやっている人が現場のなかにたくさんいることは大事だと思うんですよね。僕もそのためにいろいろな遊びをしたりして。

片岡　一番いいのは、そういうふうに立ち位置がグラデーションになっていることですよね。支援者とか、職業人としての自分っていうのも絶対いるじゃないですか。でも、何でもない自分もいて。心はその間を行ったり来たりしているわけですよね。そこに寄り道のできる場所がいっぱいあるといいんだろうな。下里の兄貴の場合はそれがたくさんあって、だから羨ましいっていうことが、今わかりましたね。

下里　すぐにガッと勢いをつけて、専門職のスペシャリストになれる人はいいですよ。でもそうじゃない人のほうが圧倒的に多い。そのなかで、自分がありたい姿をイメージしてどうやって進んでいくかというのは、利用者さんにとっての個別支援計画やサービス等利用計画と同じように、まずは短期目標を設定して近いところをどんどんつなぎながらやってくことも、仕事をしながら生きていくうえでのおもしろさかな、とは思うんですけどね。

岡部　今、コロナ禍で全然集えない状況で、僕たちはこうやって集えているからまだいいんだけど、若い職員たちが同じ思いを、施設内じゃなくて外の人たちと共有できる場をつくっていきたいね。

レストランには気をつけろ

御代田　次のテーマは「レストランには気をつけろ」です。丹羽さんの書いていた丼屋さんのエピソードをきっかけに北岡さんが思いついた言葉ですけど、おもしろいなと。福祉の現場では、直接利用者を支援する仕事というのは、対価としての報酬が税金から入ってきますよね。そんな福祉の仕事のなかで、レストランという飲食業は、あえて市場競争に割り込んでいって、そこで自分たちの営みとか存在を社会化したり、報酬とはまた違う収入源ができたりという意味で福祉に携わる人間の憧れであり、コンプレックスでもあるのかなと思うわけです。でも、「気をつけろ」とあるように、事業として成立するには不安定だったり、危うさがあったりする。

少し話はそれますが、華やかさと危うさが表裏一体になっているという意味で、人材確保でも同じような面があると思うんです。最初、学生にはきれいなパンフレットをつくって説明して、学生は法人のやっている取り組み全部を味わえるんじゃないかという錯覚に陥る。でも、いざ働いてみると、基本的には同じ現場で、同じ人と、同じ時間の過ごし方を繰り返していくという現実。そのギャップは多かれ少なかれ、初めて入った人はみんな感じるものだと思ったりもします。

丹羽　うちの丼屋さんは、ちょうど障害者自立支援法が始まる時期だったかな。就労継続支援B型を始めようという話になり、法人から「若いやつらで考えろ」と言われたので、いろいろみんなで考えて丼カフェはどうかと盛り上がり。鎌倉の鶴岡八幡宮の前にある「bowls」っていうお店に、車で20~30代の職員5、6人で行ったの。おしゃれだし、自分たちもやれるんじゃないかと、メニューもチーム対抗戦とか企画して考えてみたんだけど、やっぱり素人では難しいということになり、料理人を雇うことになりました。そしたら僕らが全然、太刀打ちできないレベルだった（笑）。

御代田　そういうスタートだったんですね。福祉の世界でカフェが流行った時代だと言っていましたもんね。

丹羽　始めてみたら、最初は障害がある人たちの働く場というふうになっていたんだけど、だんだんプロのほうが力をもっていって、最初はやる気のあった若手職員も肩身が狭くなり10年経ったところで、お客さんも入らなくなり、目新しさもなくなってきたんだよね。しかも丼屋さんだったのが、気がつけば洋食屋に変わっていて（笑）。

岡部　そうだったんだ。

片岡　お店でいうと、僕は今2つ運営しているんですよね。一つは回復期病棟の中のカフェで、もう一つは田舎のほうの町で喫茶店を。両方とも高次脳機能障害の普及啓発とか就労支援の意味合いが土台にあります。病棟内のカフェは、脳を損傷後、回復期病棟に入院中の人たちが先輩当事者と話せる場所にしたくて。「俺も入院中は大変だったんだけど、こういうふうに乗り越えられたよ」みたいな。

もう一つは、僕の幼なじみのお母ちゃんが定年退職を迎えた喫茶店があって、じゃあ俺が借りるわと。その代わり、喫茶店のセット全部をそのまま俺にくれ、とお願いして始まったカフェです。バイトで入っていた女の子をうちの非常勤で雇用させてもらいました。高次脳機能障害のある人が最後の仕上げに地元の人たちと交流できるような場になればいいと思っています。喫茶店を丸々もらったことは、ウラ話なんですがね（笑）。

丹羽　居抜きってやつだ。

片岡　そう。メニューもいただく。もちろん営業の努力もするんですよ。お客さんに対していいものを出したい。だから居酒屋を経営している友達に相談して、新しいレシピをコックさんと一緒に開発したりする努力ももちろんしていこうと。で、水流さんのところからおいしい豚肉を仕入れて。

水流　安く仕入れて、高く売る。

片岡　安く豚肉を仕入れて、「トンカツ定食・極（きわみ）」って名づけた。

岡部　1800円って言ってたな（笑）。

片岡　そう、1800円。それに「数量限定！」みたいな、そういう努力・アピールもきっちりとする。でも、新規のお客さんが来たときに高次脳機能障害のある人たちは接客できるのかとかをチェックしたり、もっといえば、高次脳機能障害のことを知ってもらうための一工夫ができるんじゃないかって。そっちのほうが実はメインだから、ある程度、運営の苦しい状況に耐えられるというか。そういうプラスαの目的があれば、レストランやカフェを始めてみようとするんじゃないかなって、丹羽さんの話を聞きながら思っていましたけどね。

売上だけじゃない、法人や社会に還元されるもの

御代田　レストランやカフェの開業と一口に言っても、できた経緯とか裏のコンセプトって本当にいろいろですよね。岡部さんの法人では、パンやラスクをつくられていますよね。

片岡　パンとラスクは年間いくら売れているんですか？

岡部　4000万円です。

下里　すごい！　そんなに。

岡部　パンとラスクで4000万円。頑張ってるよね。

御代田　すごい売上ですね。

岡部　モノをつくるって利用者にとっては形になるし、

「おいしかったよ」とか「ありがとう」ってポジティブな言葉をかけられることは本当に大事なことだと思っています。あるとき、厨房の配膳をある利用者に頼んだら、どこの仕事に行ってもトラブルになって辞めちゃうような人がその厨房だけは長く続けられた。それは多分、「おいしかったよ」とか「ありがとう」という言葉が常に飛び交っているからなんだよね。今から15～16年ほど前に、秩父地方のかなり景気が冷え切って閉館してしまったホテルで働いていたコックを、つてを頼って1人うちに来てもらったら、やっぱり腕はピカイチだし、それからうちの食事のクオリティーがみるみる上がっていった。僕たちの仕事は、利用者さんを支えるだけじゃなくて地域の雇用も支えることができる。福祉の直接的な支援なのだけれども、パン屋などのビジネスっぽいことをやろうっていったときには専門の人を雇用しなくちゃいけない。だけどそのときも意味があるもの、地域に貢献できることが大事だと感じました。

　片岡さんにも通じるけど、僕は地域のなかで雇用することによって、地域のなかで認めてもらえるようになったのだととらえています。普段は利用者の支え手になってもらっていますが、年末にはおせち料理の販売もやっているので、そういうときには料理人としての腕を存分に発揮してもらっています。

片岡　毎年、１００食、２００食って、言ってましたよね。

岡部　今は１５０食ぐらいつくっていますかね。大みそかに２００万円ぐらい売るかな。

片岡　すごいよね、1日だけだもん。

岡部　ただ、原価率と職員確保、超勤手当を計算するともしかしたらマイナスかも（笑）。だとしても、地域に対するアピールというか宣伝としてはすごく意味があると思う。

水流　お正月つながりで、うちは門松をつくっているんだけど、瞬間的に、12月だけで300万円ぐらいの売上になるということでは、門松もまさしく季節の主力商品。これまで市役所に寄付していたけど、一昨年から市役所も買ってくれるようになった。

丹羽　置かせてくれているってことね。

水流　そう。あと、地域への貢献ということだと、ゆうかり学園は30年前から、家庭裁判所からいわゆる事件を起こしてしまった少年を受託する補導受託に取り組んでいて。亡くなったおやじは最高裁判所長から感謝状をもらっています。はじめは目が三角で来てる子が1か月ほどうちの利用者といると、帰る頃には目が垂れて優しくなっていくって。それは知的障害のある方々の「癒やしパワー」って自分は呼んでいるんだけど、15～16歳の少年が来ると、「どっから来たの？」「いつまでいるの？」と質問攻めにあい。もちろんみんなは興味本位で聞くんだけど、家庭環境などで自己肯定感が低かったりする子が、初めてこんなにも人から興味をもってもらう経験をする。法人内のさまざまな作業現場に一緒に入り、職員の補助として動いてみると、ご飯もこぼすし、シャツも後ろ前に着ているような人たちなのに、細かい作業の竹ぼうきづくりができることに対してリスペクトが生まれてくる。障害のある人と一緒にいることで彼らは何かに気づいて帰ってくれる。そういった少年たちの心を変えていく役割を利用者さんが担ってくれているということが、何よりありがたいしうれしい。今も続けています。最近は保育園でも受け入れるようになりました。女の子の場合は、福祉施設よりは保育園が合っていて。いずれ自分も最高裁判所から感謝してもらいたいということはオフレコですが（笑）。

片岡　そうやって考えると、飲食サービスとか商品のような市場原理の延長線上だけではなく、それに付随するしかけやコンセプトがありますよね。法人の理念や地域への貢献など、いろいろが絡み合って、地域との結びつきが強く太くなっているんだと感じます。

御代田　僕が学生のときに知り合った、モノを売る福祉の経営者たちからは、「福祉だから買ってもらうのではなくて、いいものだから買ってもらうんだ」とたびたび聞いたんですよね。それは買う側としても大事なことですが、それだけではない。岡部さんや水流さんの話からしても、普段の支援の仕事とちゃんと地続きになっている。地域とつながって巡り巡って、単なる売上だけじゃないものが、法人や社会に還元されているのだなと感じます。

事業の流行りと廃りのなかで

岡部　確かに店舗運営は大変。意味をもってやらないと、続けるのはしんどい。

水流　やっぱり難しいよね。うちも畜産の担当者が60代後半になったけれど、その跡継ぎがなかなかいなくて。結局、彼に戻ってきてもらった。担当者が代わると、豚はすぐに病気になったり死んじゃったりするのに、彼が来ると大丈夫なんだよね。豚の鳴き声とか咳で状態がわかるんだって。病気を見落とすと伝染して事故になる可能性があるから難しい。レストランも難しいかもしれないけど、畜産も難しい（笑）。

片岡　法人が続くためにも、職員をどのように育成するかというのがテーマでもあるわけやろう。

下里　相手に寄り添って一緒にいることが得意な僕たちって、自分で感じていたりすることが、一般の人からすると少しばかり違っていたりするじゃないですか。障害のある人たちのいいところをどう事業につなげるかがなかなか難しい。サービスとか、モノを介してそれを事業につなげることがあると思うんですけど、なかなかそういうことにならない。逆に振り切ると、この人たちのよさが全然生きなくなっちゃうから。とはいえ、専門的な人を入れられるかといったら、うちは入れられない。でも、モノとかサービスを一般のユーザー側に合わせていくことが、僕ら福祉側にいる人間のするべきことなのかなって少し思ってて。

片岡　ああ、そういう意味。

下里　僕らはもっと、この福祉の仕事をしている人たちとどうやって生きていくかとか、職員とどう幸せを共有するかとか、そっちのほうが得意なことかと思っています。それでもっと膨らませたら何ができるかと、今すごく考えているところ。

片岡　僕はどっちも大事だっていう主張をしているわけです。その軸には、下里の兄貴が言うようなコンセプトはもちろん必要。僕だったら高次脳機能障害のことを知ってもらうという軸がある。わかるんですよ、それは。

水流　うちの法人でギョーザの販売を始めて30年目に入るけれど、最近はコロナの影響で自動販売機がえらく増えてきた。ギョーザが流行っていると周りは言うけど、「うちはずっとやってるよ」って。別にそれでうちが生産量を増やせるわけではないと思ったり。

岡部　細く長く続けることも大事なのかなと感じていて。　気にその担い手を育てることなんてできないし、僕たちが思っている以上に、時間をかけて人を育てなくちゃいけないのかもしれない。入職時には「こいつ、絶対ダメだろうな」と思っていたけれど、最後まで残っていたりとかするからね。

この仕事をおもしろがり続けること

丹羽　仕事をおもしろがる職員をどう育てるかという話は、うちも一部の職員はいつもアクティブに動いているけど、声を出せない職員もいる。最近、「キントーン」というアプリで、理事長にダイレクトに提案ができる「理事長直送便」という制度をつくった。

岡部　そのおもしろがる職員の多さが、昴の売りみたいな感じでもあるじゃん。

丹羽　それは、そういう職員が大きく動いて目立っているから。やっぱり250人もいると、一部でしかないですね。今までは職員が裏で言っていたことを、聞いて回ったり表に出したりするようにしていくと、なんとなく雰囲気や自分に向けられる目が変わってきたと最近感じてて。そこからやり直さないと、レストランやパン屋とかの新しいことをやってみようとおもしろがる職員は出てこないと思って。次の世代にバトンをどう渡していくのかと考えて、今、畑を耕したいと思ってやってます。

片岡　なんかスマートな、賢いやり方やね。僕はこんなことをやろうよってひたすらアイデアを打ち続けて、年間1個ぐらい何とか採用してもらえるような日々を過ごしてるので。なんかかっこいいっすわ、やり方が近代的で。

丹羽　こうやってみようっていうところをおもしろがってくれる土壌づくりがまず必要で。まだ100個打っても99個は没の段階。耐えられるメンタルは俺、もってない。

片岡　そうなんですか。俺、立ち上げ当初からずっと、そんな感じですからね。

御代田　グローは滋賀県内にいくつも事業所があって。高齢、障害、児童、救護施設と、それこそさっき話したように採用説明会のときには、20分程度で全部の事業をキャッチーな写真とともに熱弁するんですよ。そうするとみんな興奮して、看取りもやってる、レストランもある、地域福祉にも取り組んでいる、すごい法人だ！って興奮するんです。実際、4月1日に入職を迎えてみると、配属された施設で、トイレットペーパーはここに保管してとか、介助はこの時間にこの順番で、みたいな話で埋め尽くされているという現実とのギャップがあります。

岡部　夢をもって入ってきたのにね。

下里　福祉をおもしろがるって、余裕があればこそできるのかなと。配属になったらもう、オペレーションを覚えて、利用者の特性を覚えて、毎日のケアのことを考えて、トラブルがないようにしようというのが多分、職員が一番考えるところ。そこから一歩、利用者のおもしろがれるところを探して、地域とつなげて、それを事業として展開していくってなかなか難しいというか。本当にうちなどは、まだ歴史が浅いので。

水流　さっきの丹羽ちゃんとこの250人中、何人がそうやっておもしろがれているかというのは、実はうちの150人中との比率は似ていると思うんですよね。例えば今、「地域生活支援拠点等事業」って、まあまあ注目されていて、管理者数人はその自覚もある。でも、その他のスタッフは、「で、なんですか？」という感じで、日常的にはどこの現場も変わらない。たまたま注目を浴びているし、ほめられてもいる事業だけれど、ほめられていること自体がなかなか現場に浸透してないというか。みんなに、自慢に思ってもらっていいんですよって伝えても、「何のことですか?」という温度差だったり、ギャップだったりを感じる。レストランとは関係ないけれど、モチベーションを高められるような伝え方は難しいと、日々感じています。

丹羽　一つ思い出したことがあって。リモートで今年度の事業計画の発表を職員に向けてしたんだけど、２つのグループホームでは、たまたま利用者さんも一緒に聞いてくれていたのね。多分、そんなに深い意図はなかったのだろうけど、グループホームの日常を見たことがない診療所の職員は驚いた顔で見ていて、これはよかったなと思いました。偶然の産物だったけれど、事業計画は利用者さんにもちゃんと伝えなきゃいけないと思うきっかけにもなりました。

岡部　うちは4月1日と1月の頭に、これまでは新年顔合わせとして職員全員を一か所に集めていたのだけれど、今は集まるのが難しいのでリモートにしたら、ホームの利用者さんと職員が一緒になって聞いている姿があって。そしたら、僕たちには利用者さんにもきちんと説明する義務があるよねとなって、その後、全事業所をリモートでつないで20分くらい理事長にあいさつしてもらう場面をつくりました。それは結果的にやってよかった。伝える相手と伝え方は大事だと思いますね。

僕たちを支える言葉

御代田　最後のテーマは、「僕たちを支える言葉」です。「この子らを世の光に」から始まり、「自覚者は責任者」とか「四六時中勤務」など、糸賀一雄さんが残した数々の言葉はとてもわかりやすくて、直感的にイメージができる。「発達保障」などもそうで。やっぱり偉大だと思うんですよね。共感できる言葉が一つでもあれば、それでつながれるし、それぞれが個人で抱えていた想いがシンクロして、前向きに考えていくきっかけになると思っています。

水流　自分は折に触れて言葉をたくさん教えてもらっていて、その言葉がすべて胸にストンと落ちてきた気がします。「自覚者が責任者」もだし、「51対49で楽しさが勝っている人生」など。すべて北岡さんから教えてもらった言葉なのですが、実はどれも北岡さんがつくった言葉じゃない。鹿児島の実践は滋賀での実践を参考に、二十数年かかったけれど、やっと形になりつつあるということも含めて、北岡さんにもらった言葉にここまで支えてもらったと感じます。

片岡　僕の体験でいえば、今まで医療業界でお世話になっていた理学療法士の師匠が主催する学会で、当時若かった僕は高名な先生相手に食ってかかったことがあり、同業者の理学療法士の諸先輩方からバッシングを浴びたことがありました。そのときは理学療法士を辞めようかなと思って、自分の師匠が主催する学会だったから学会が終わってから謝りに行ったら、「お前は人を殺したのか?」と。「いや、殺してないです」って答えたら、今度は「銀行強盗をしたのか?」と聞かれて、「してないです」って答えた。

師匠は、僕に「そんな程度では世界は微動だにしない」って言ったんです。「俺はもう何十年も理学療法士の世界を変えてやろうと思って頑張っているのに、この業界を微動だにさせたことがない」と。一つも動かない、だから悪いことでもいいから世界を揺るがせてから来い、というのがその師匠のメッセージでした。

水流　それはあると思う。それこそ「自覚者は責任者」じゃないけれど。責任をもつ勇気をもらえるというか、背中を押してくれるよね。

丹羽　北岡さんのことで僕が一番印象に残っているのは、フランスのナントでの最後の締めのあいさつで、北岡さんが「芸術文化を通して障害のある人たちの社会的価値を高めたいんだ」と発言されていたこと。「社会的価値」という言葉は、自分にはインパクトがあったし刺さった。

水流　「新しい価値の創造」って、当時は言ってたよね。あとは「立つ瀬をつくる」、とも。

片岡　水流さんとは話したのですが、2022（令和4）年5月に開催されたアメニティーフォーラム25の象徴となったラッピングバスでの旅は、サービスを提供しているとかお世話をしているっていう感覚じゃなく、その人（利用者）の傍にいるシチュエーションが生まれていることに重きを置いている気がするんですよね。頭ではわかっているつもりでバリアフリーや合理的配慮について説明してきたじゃないですか。でも、一緒に動いたりすることで当事者目線を真の意味で手に入れられた経験が新鮮だった。

岡部　北岡さんの発想って、自分の狭い知識・見識のなかでは、何を言わんとしているんだろうと考えてしまうことがある。共生社会フォーラムの始まりのときみたい、それは何なの？みたいな。

御代田　共生社会フォーラムは皆さんにとってどんな意味がありますか。それぞれそこで感じたこととかって微妙に違うのかなと思ったりするのですが、このあたりはいかがですか。

水流　前段としては共生社会フォーラムの中身こそを、例えばサビ児管（サービス管理責任者・児童発達支援管理責任者）研修とか虐待防止研修などに入れ込んでやれたらいいのになって思います。もちろんすべてのプログラムは無理だけど、共生社会フォーラムのなかでわれわれが伝えたいと思っていることのエキスでもいいから、そこにまぶすことができたらと。今のサビ児管研修、相談支援従事者研修、虐待防止研修がダメというわけではなく、その研修を受ける本質を知る一番の柱が共生社会フォーラムのなかにある気がしていて。

岡部　虐待防止なんてまさにそうですよね、答えなき問いに向き合わなくちゃいけない。そういった部分で共生社会フォーラムは本当に大事なものだなと感じます。

御代田　共生社会フォーラムは、そもそも語り部をつくろうというコンセプトがあって、国がそれを研修としてしっかり制度化して、福祉実践のためには必要不可欠だと打ち出したのは、僕にとってはやっぱり新鮮でした。言葉をもたなければこの仕事はできない

という確信。リーダーは言葉をもたないとダメだぞ、また同じことが起こるぞと。この共生社会フォーラムに国がきちんと予算をつけて行うというのは、とても明るい話だなと感じています。

丹羽　糸賀一雄さんの功績は恥ずかしながら全く知らず、みんなに出会うまで名前しか知らなかった。知っていたのは「この子らを世の光に」くらいで、それ以外は何も知らなくて。きちんと学べたのは共生社会フォーラムのおかげです。本当に突然、言葉の洪水に襲われたっていう感じもある。

岡部　僕は自分が何のためにこの仕事をしているんだろうって思い悩むことがある。特に今回、自分を振り返る必要があったものの、なかなか言語化できなかったんだけど、北岡さんが以前「俺、別に仕事は福祉じゃなくてよかったんだ」って話していたことがあって。福祉じゃなくて違う分野にいたとしても、おそらく、それなりの仕事をしたんじゃないかという話を聞いたときに、自分もそうだと思ったのよ。別に俺、福祉じゃなくてもよかった。それを今、言語化できたことがすごくすっきりしていて。自分の一番やりたい仕事は、自分が何かを成し遂げることじゃなくて、誰かと誰かをつなげて形にするとか、誰かの喜びが自分の喜びになることなんだとわかって。多分それは地域の祭りにも関係していて、それがはっきり見えたらすごく楽になった。

片岡　でも、僕、今の話が岡部の兄貴の本分だと思う。これが岡部節って思う。

御代田　話を聞いていて思い出したのですが、僕が入職して1年目のときに、北岡さんに「御代田君、この日は丸1日空けといて。一緒に考えるぞ」と言われて、アメニティーフォーラムのプログラムをゼロから考えたことがありました。そのとき、北岡さんのこれでもかとこだわる言葉選びを直に学んだんです。すごく繊細じゃないですか、優しい言葉で誰も傷つけない言葉選び。この言葉をつかったら、この人がこんな違和感をもつかもしれないとか、ちょっと嫌な気持ちになるかもしれないとか、責められている気持ちをもつかもしれないと、丁寧かつ繊細に考えながら優しい言葉で整えていく作業を、何回も何回も繰り返して。僕の提案したプログラムのタイトルを見て、難しい言い回しだったのか、「これはちょっと、東大の言葉やな（笑）」とも言われて。

片岡　それ、東大生を傷つけてるじゃん（笑）。

御代田　それは一対一で伝わった言葉なので。そういう言い方も、本当にばかにしているわけじゃなくて。でも僕はそれを自分のものにできた感覚があって、今の自分の言葉選びのベースはやっぱり北岡さんの影響だなと思います。

水流　アメニティーフォーラムについても「全国には、フォーラムのプログラムを毎回楽しみにしてくれている人たちがたくさんいるんだ」と。プログラムをつくった時点で自分の仕事は終わりっていうけれど、そういうことも含めての言葉のセンス、人を引きつける言葉の力がそこにあるんだろうという気はしますね。僕らも学ばないとね。

ツの言葉」や「フクシの言葉」はつかえません。でもだからこそ、普段自分が働く場所やそこで暮らす人、自分が日々身を置いている営みとは一体何なのか、再発見できる時間でもあったのです。同じ施設で、同じ苦労と喜びを、これでもかと日々身に染みて味わっている同僚同士のコミュニケーションではどうしても見いだせないアイデアや切り開けない視界に、一歩外に出ると出会える感覚がありました。

そして今回の座談会ではっきりわかったのは、そういうつながりを、理事長クラスの皆さんでも、いや、そんな立場にいる方々だからこそ、とても必要としていることです。５人の関係性が最も象徴的ですが、座談会のなかで出てくる「PTA会長を職員にオススメしている」とか「居酒屋の常連同士の旅行は意外におもしろい」というエピソードに、妙に頷いてしまいました。

また、お読みいただいた方はおわかりかと思いますが、皆さんすごく自然体です。自分の法人の事業を話すときも、常に「自分」を主語において、失敗や迷いも正直に、ちぐはぐさも含めて笑いながら話している。本のタイトルは「僕らはいつも旅の途中」ですが、まさに、５人それぞれが自分の「途中」を堂々と生きているような感じがしたのです。

もちろん、自分の法人に戻れば、数十人から数百人を束ねるボスですから、ふるまい方に気を遣うこともあるのでしょうが、さまざまな福祉実践を積み重ね、今では多くの職員を束ねる先輩たちが、信頼する仲間たちと堂々と自分の「途中」を語りあう姿に、勇気をもらえたのです。

一方で、二回り上の世代にあたる皆さんが生きてきた時代を羨ましく感じることもありました。小学校を卒業した後すぐに都内の中高一貫校に進学した僕には、立ち戻るべき「共生社会の記憶」のようなものは思い当たりません。また、飲みながら宿直に入っていたエピソードやレスパイト事業をまさに「四六時中勤務」で立ち上げた経験は、サービスやルールが整備された今では、もう味わうことが出来ない体験だと思うと、制度が充実し働きやすい環境も用意されたこの時代に感謝しつつも、どこか羨ましさを感じてしまいます。でも、そんな世代だからこそ先輩たちとは違った形で仲間と繋がれるのかもしれない、という期待もあります。

そんなことを考えている自分も「旅の途中」にいるのだと思い直して、まだまだ40年以上ある職業人生に、歩みを進めていこうと思います。

最後に、何度も聞くうちによさや深みがわかってくる曲を「するめ曲」と呼ぶそうですが、まさにこの座談会は「するめ座談会」だと思うのです。読み返すたびに、うまみが染み出てきます。是非何度も読み返していただきつつ、友人や同僚と語りあうための「つまみ」にしていただけたらうれしいです。

途中を生きる

御代田太一

今回、5人の先輩たちの座談会に聞き役としてご一緒させていただきました。普段は飲みながら話をする機会が多かった皆さんに、シラフで合計4時間ほど、文字にすると約10万字分語り尽くしてもらい、それをギュギュッと凝縮させてできあがった座談会です。そんな座談会を受けて、世代の違う僕にとって5人の姿がどう見えたかをお伝えできたらと思い、原稿を書かせていただきました。

僕が社会人デビューをしたのは、滋賀県にある救護施設です。ホームレスの人や刑務所出所者をはじめ、住まいや仕事、頼れる身内を失った人が、障害のある人もない人も、駆け込み寺のように次々とやってくる施設です。常に約100人が暮らし、年間約70人が出入りしています。

昨日まで路上で暮らしていた人、日本語の話せないブラジル人、記憶喪失で名前も忘れて仮名で暮らしている人、いろんな人がやってきます。一方で、1970年に建設された当時は、近隣地域で家族と暮らす重度の障害のある人の「受け皿」だった経緯もあり、いろんな事情を抱えた人たちが次々と入所するかたわらで、半世紀前から暮らす障害のある高齢者が介助を受けながら暮らしている、そんな不思議な場所でした。

「ちゃんと自分の目で社会を見たい。いろんな人の暮らしに直に触れてみたい」。そんな気持ちでなじみある東京を離れ、鼻息荒く滋賀にやってきた自分にとっては申し分ない職場だった一方で、「人の暮らしを支える」ことのリアリティーを初めて知る体験でした。昨日まで元気だった人が翌朝に救急搬送されたと思えば、落ち込む暇もなく、翌日には「あいつは東大卒だから俺らを舐めてる」という噂が喫煙所の利用者の間で広がっている、そんな日々でした。一方で、入所施設という閉じた空間や100人の集団生活ゆえのルールやさまざまな暮らしの制約に歯がゆさを覚える自分がいれば、マニュアルに沿った同じような日々の繰り返しのなかで少しずつ消耗していく自分がいたのも事実です。興奮、喜び、安心、戸惑い、怒り、情けなさ、徒労感、さまざまな感情が未消化のまま心に沈殿していくなかで、「このまま続けてていいんだろうか」「自分は方向を見失っているんじゃないか」という迷いもありました。

そんな僕に必要だったのは、外とつながることでした。違う事業所で働く同世代と飲み会で話し、全国のいろんな福祉現場で働く人たちに会いに行き、東京に帰ってフクシのフの字も知らない友人と遊ぶことでした。全く違う仕事や自分とは異なる価値観、生活感覚をもった人を前にすると、「シセ

あとがき

今から18年前の２００４（平成16）年、北岡賢剛さん、福岡寿さん、田中（当時「根来」）正博さんと私で『僕らは語りあった　障害福祉の未来を』（２００４年・ぶどう社刊）という本を出版しました。今は60歳代の私たちも、当時は「キタフクオカソネゴロウ」と呼ばれ、40歳代の「働き盛り」でした。１９９９（平成11）年に「全国地域生活支援ネットワーク」を設立し、北岡さんが中心となって滋賀県大津市でアメニティーフォーラムを開き、毎年大勢の人が参加しては新しい実践や情報、魅力ある人との出会いを経験し、元気になって地元に帰っていってもらう、という取り組みを24年間続けました。

当時の障害福祉は、戦後50年以上にわたって続いた「措置制度」が社会福祉基礎構造改革によって「解体」され、利用者の自己決定を尊重した利用契約に基づく「支援費制度」に移行した時期でした。自由な時代が始まるというワクワクした気持ちと、それに相応しい新しい支援のあり方をつくり出そうと、全国の仲間が、そして私たち４人もそれぞれの持ち場で新たな支援を模索し、お互いをライバルのように感じながら、切磋琢磨して取り組んでいた時代だったように思います。

その後、２００６（平成18）年に障害者自立支援法が施行され、障害福祉サービスへの参入がより一層自由になり、ＮＰＯなどの非営利法人はもとより、営利法人も指定を受けて障害福祉サービスが提供できるようになって、事業所は爆発的に増えました。事業形態も自由度が増し、それまでは空き缶潰しや牛乳パックの紙すき、パンづくりなどが中心だった「作業所」や「授産施設」が、就労継続支援事業として、おしゃれな喫茶店やレストランの運営に乗り出し、お菓子や加工食品の製造などの多様化、専門化が進みました。「障害のある人がつくったから買ってください」というような、いわゆる「福祉」的発想が払拭され、商品やサービスの質で勝負する「市場」の考え方が進みました。

「映える福祉」がもてはやされる一方、根本的に重要な「生活支援」に対する関心は低くなったように感じます。居宅で介護や家事を行うホームヘルパーや、グループホームの夜間帯の支援など、利用者の日々の生活を支える地道な事業では、職員を募集しても応募がないという声をあちこちで聞くようになり、障害福祉の本質が置き去られてしまっているように思います。

本書の著者5人は、措置制度の廃止後の自由な制度のもとで障害福祉の世界に入りました。地に足をつけ、自分の生活と仕事のなかから、障害福祉の本質とは何かを考えようとしているように感じます。そして、5人はとても仲が良く、行動をともにする機会の多さにも驚かされます。対談では、彼らよりもさらに若い20歳代も加わって、自分たちを見つめる視点に時間と空間の奥行きが加わり、議論の深まりを感じます。全国地域生活支援ネットワークは、2021（令和3）年7月から水流さんが代表を引き継ぎ、バリアフリー演劇とのコラボで全国巡回フォーラムを行うなど、新たな風をつかみながら活動の幅を広げています。

基本的人権の尊重と共生社会の実現という障害福祉の理念を、自分たちの生活と実践から見つめ、正直で誠実な言葉にしようとしたこの本は、「旅の途中」の5人が、読む人にこの先の旅をともにすることを誘いかけているように感じるのです。

その旅とは、自分自身を見つめ、障害福祉の本質を求める旅ともいえるでしょう。

私たちの先輩たちが切り開いた道を、私たちの世代が進み、さらに本書の5人の世代の人たちが前に進み続けています。きっと全国に、このような人たちがいて、この本を手にとってくださり、共感したり、疑問を感じたりして読んでくださったことかと思います。

この本を読んでくださった、旅の途中のあなた。5人と一緒に旅をしませんか。

曽根直樹（日本社会事業大学専門職大学院准教授）

著者一覧

監　修　**曽根直樹**（そね・なおき）

日本社会事業大学大学院福祉マネジメント研究科准教授

著　者（執筆順）

水流源彦（つる・もとひこ）

社会福祉法人ゆうかり 理事長、特定非営利活動法人全国地域生活支援ネットワーク理事長

→はじめに、第１章、第６章

丹羽彩文（にわ・さいぶん）

社会福祉法人昴 理事長、特定非営利活動法人全国地域生活支援ネットワーク 事務局長

→第２章、第６章

下里晴朗（しもざと・はるあき）

社会福祉法人ほっと未来 SOUZOU 舎 理事長、特定非営利活動法人全国地域生活支援ネットワーク 理事

→第３章、第６章

岡部浩之（おかべ・ひろゆき）

社会福祉法人清心会 副理事長、特定非営利活動法人全国地域生活支援ネットワーク副理事長

→第４章、第６章

片岡保憲（かたおか・やすのり）

特定非営利活動法人脳損傷友の会高知青い空 理事長、特定非営利活動法人全国地域生活支援ネットワーク 理事

→第５章、第６章

御代田太一（みよだ・たいち）

社会福祉法人グロー

→第６章・コラム

謝辞

本書の刊行に深い理解を示してくださった中央法規出版株式会社の荘村明彦社長、そしてアメニティーフォーラムや座談会にも足を運んでくださり、私たちの源泉を見つめる作業に付き合ってくださった編集者の佐藤亜由子さん、丁寧に原稿を読んでくださった福尾このみさんに心から感謝申し上げます。

刊行のきっかけをつくってくださった佐藤進さん、そして曽根直樹さん、素敵なイラストをご提供いただいた七夏さん、本当にありがとうございました。

共生社会の未来をひらく旅が、のんびり、にぎやかに、楽しく続きますように。

著者一同

特定非営利活動法人全国地域生活支援ネットワーク（略称：全国ネット）
「ユニバーサルな支援による、ともに生きる地域社会づくり」を目指し、地域生活支援をより一層推進し、全国の当事者や事業者、行政、政治など、関係者の横のつながりを深め、国民的な理解と共感を広げられるよう活動を展開している全国組織です。この目的のために、地域福祉にかかわる情報の収集およびその公開と発信、調査研究および政策提言、人材育成、事業所運営支援、フォーラムや研修会、イベントの企画運営などを行っています。
設立：1999（平成11）年。2005（平成17）年3月に法人格を取得
ウェブサイト：https://blog.canpan.info/shien-net/
https://www.facebook.com/shien.net.japan/
メールアドレス：shien.net.japan.s@gmail.com

僕らはいつも旅の途中
共生社会の未来をひらく５人の実践者たち

2022年8月20日　発行

監　修　曽根直樹
著　者　水流源彦・岡部浩之・丹羽彩文・下里晴朗・片岡保憲
（特定非営利活動法人全国地域生活支援ネットワーク）
発行者　荘村明彦
発行所　中央法規出版株式会社
〒110-0016　東京都台東区台東3-29-1　中央法規ビル
TEL 03-6387-3196
https://www.chuohoki.co.jp/

ブックデザイン　二ノ宮　匡
イラスト　七夏
印刷・製本　株式会社アルキャスト

定価はカバーに表示してあります。

ISBN978-4-8058-8756-1

落丁本・乱丁本はお取り替えいたします。

本書の内容に関するご質問については、下記URLから「お問い合わせフォーム」にご入力いただきますようお願いいたします。

https://www.chuohoki.co.jp/contact/